Leonardo und Clodovis Boff
Wie treibt man Theologie der Befreiung?

*Für unseren Freund Dom José Maria Pires,
Erzbischof von Paraiba, Theologe einer befreienden Pastoral
im Ausgang von den Armen und den Schwarzen.
Für unsere Schwester und Gefährtin
Benedita Souza da Silva (Bené),
schwarze, ökumenisch gesinnte Theologin aus dem Volk,
die die politische Diakonie übernahm
und die Partei der Arbeiter ergriff.
Für Sergio Torres, Theologe und Hirt der Befreiung,
Brückenbauer im theologischen Dialog
zugunsten der Armen aller Kontinente.*

Leonardo
und Clodovis
Boff
**Wie treibt man Theologie
der Befreiung?**

Patmos Verlag
Düsseldorf

Die Originalausgabe dieses Buches erschien 1986
unter dem Titel »Como fazer teologia da libertação«
im Verlag Vozes, Petrópolis.
Aus dem Portugiesischen übersetzt von Michael Lauble.

CIP Kurztitelaufnahme der Deutschen Bibliothek
Boff, Leonardo:
Wie treibt man Theologie der Befreiung? /
Leonardo u. Clodovis Boff.
[Aus d. Portug. übers. von Michael Lauble].
– 3. Aufl. – Düsseldorf: Patmos Verlag, 1988.
   Einheitssacht.: Como fazer teologia da libertação ⟨dt.⟩
   ISBN 3-491-77653-8
NE: Boff, Clodovis:

© 1986 Patmos Verlag Düsseldorf
Alle Rechte vorbehalten. 3. Auflage 1988
Umschlaggestaltung: Peter J. Kahrl, Neustadt-Wied
Gesamtherstellung: Bercker GmbH, Kevelaer
ISBN 4-491-77653-8

Inhalt

Ein Wort zuvor 9

I. Die Grundfrage: Wie kann man Christ sein in einer Welt der Elenden? 10

Mit-Leiden: Ursprung der Befreiung 11
Begegnung mit Christus dem Armen in den Armen: Ursprung der Theologie der Befreiung 12
Der erste Schritt: das Handeln, das befreit 13
Der zweite Schritt: die Glaubensreflexion von der befreienden Praxis aus 16

II. Die Theologie der Befreiung mit den drei »P«: professionell, pastoral und popular 20

Von der Basis bis zur Spitze: eine einzige Reflexion . 20
Der Baum der Theologie der Befreiung: Äste, Stamm und Wurzel 21
Die Ebenen der Theologie der Befreiung: die professionelle, die pastorale und die populare . . 22
Ein Inhalt in unterschiedlichen Formen 22
Die integrierte und integrierende Theologie der Befreiung 24
Jeder, der glaubt und seinen Glauben denkt, ist in gewisser Weise Theologe 25
Die mündliche und sakramentale Logik der popularen Theologie der Befreiung 26
Die Theologie der Befreiung und die Pastoral . . . 27
Wie der Befreiungstheologe konkret wirkt 29

III. Wie Theologie der Befreiung gemacht wird . . . 32

Das vorgängige Moment: das gelebte Engagement . . 32
Drei Formen des Einsatzes an der Seite der Armen . . 33
Grundschema der Methode der Theologie
der Befreiung 34

IV. Schlüsselthemen der Theologie der Befreiung . . . 56

Sich mit den Armen zu solidarisieren heißt Gott
verehren und Gemeinschaft haben mit Christus . . . 56
Theologische Motivationen der Option für die Armen . 57
Wer sind eigentlich die Armen? 59
Einige Schlüsselthemen der Theologie der Befreiung . 62

V. Kurzgefaßte Geschichte der Theologie der Befreiung . 81

Vorläufer 81
Formulierung 86
Unterstützungen und Widerstände 90
Die Haltung des Lehramts 92

VI. Die Theologie der Befreiung im Weltpanorama . . 95

Theologischer Bereich:
eine dynamische und anregende Theologie 95
Bereich der kirchlichen Institution:
eine Theologie, die Kirche schafft 101
Gesellschaftlicher und politischer Bereich:
eine öffentliche und prophetische Theologie 104
Die historische Bedeutung
der Theologie der Befreiung 106

VII. Von den Unterdrückten aus: eine neue Menschheit . 109

Befreiung – ihre erweckende Macht 109
Befreiung – eine Aufforderung an die Theologien . . 110
Befreiung – das Banner einer neuen Gesellschaft . . 111
Der Traum von einer Gesellschaft von Freigelassenen . 112

Wichtige Literatur zur Theologie der Befreiung in Lateinamerika 116

Ein Wort zuvor

In der überreichen theologischen Produktion über die Theologie der Befreiung fehlte bislang ein Buch, das eine Gesamtschau dieser heute vieldiskutierten Art des Theologietreibens bietet.

Unser Text ist die Frucht einer intensiven Bemühung um ein Denken und ein Engagement in Gemeinschaft mit den Unterdrückten und zugunsten ihrer Befreiung.

Alles, was hier gesagt wird, verantworten beide Autoren ohne Unterschied, denn sie haben es gemeinsam gedacht und erarbeitet, und gemeinsam wissen sie sich wahrhaft als »Brüder und Mitgenossen in der Trübsal und im Reiche und in der Geduld in Jesus« (Offb 1,9).

I. Die Grundfrage: Wie kann man Christ sein in einer Welt der Elenden?

Eine Frau von vierzig mit dem Aussehen einer Siebzigjährigen kommt nach der Messe zum Priester und sagt bedrückt: »Padre, ich bin zur Kommunion gegangen, ohne vorher gebeichtet zu haben.« – »Wie denn das, meine Tochter?« fragt der Priester. »Padre«, antwortet die Frau, »ich bin ein bißchen zu spät gekommen, gerade als Sie schon mit der Gabenbereitung anfingen. Seit drei Tagen habe ich nur Wasser getrunken und nichts gegessen, ich bin vor Hunger fast gestorben. Als ich sah, wie Sie die Kommunion austeilten, dieses kleine, weiße Stück Brot, die Eucharistie, da ging ich kommunizieren, bloß um mit einem bißchen von diesem Brot den Hunger zu mildern.« Dem Priester schießen die Tränen in die Augen, und er muß an die Worte Jesu denken: »Mein Fleisch ist wahrhaftige Speise ... wer mich ißt, wird durch mich leben« (Joh 6,55.57).

Eines Tages, in der Dürre des brasilianischen Nordostens, in einem der schlimmsten Hungergebiete der Welt, traf ich einen Bischof, der erschüttert nach Hause kam. »Herr Bischof, was ist denn passiert?« Und er antwortete, etwas Schreckliches sei geschehen. Vor der Kathedrale hatte er eine Frau mit drei Kindern und einem weiteren an der Brust getroffen. Er sah, daß sie vor Hunger zugrunde gingen. Das Kind an der Brust der Mutter war wie tot. Da sagte er: »Gute Frau, geben Sie doch dem Kind zu trinken!« »Ich kann nicht, Herr Bischof«, antwortete sie. Der Bischof redete ihr noch einige Male zu, und immer antwortete sie: »Herr Bischof, ich kann nicht.« Weil er aber immer weiter drängte, öffnete sie schließlich ihr Kleid. Ihre Brust blutete. Der Säugling stürzte sich voller Gier auf sie. Und saugte Blut. Die Mutter, die dieses Leben zur Welt gebracht hatte, nährte es nun wie ein Pelikan mit ihrem eigenen Leben, mit ihrem

Blut. Da warf sich der Bischof vor der Mutter auf die Knie. Er legte dem Kind die Hand aufs Köpfchen. Und auf der Stelle tat er vor Gott ein Versprechen: Solange das Elend währen würde, würde er jeden Tag mindestens einem Kind zu essen geben.

Als ich am Samstagabend ins Haus von Manuel, dem Koordinator der Kirchlichen Basisgemeinde, kam, sagte er zu mir: »Padre, mit der Gemeinde und mit anderen hier in der Gegend geht es zu Ende. Das Volk stirbt vor Hunger. Sie kommen nicht mehr, weil sie nicht mehr die Kraft haben, bis hierher zu laufen. Sie müssen zu Hause in der Hängematte bleiben und ihre Kräfte einteilen...«

Mit-Leiden: Ursprung der Befreiung

Was steht hinter der Theologie der Befreiung? Die Wahrnehmung skandalöser Realitäten wie der oben berichteten, die es nicht nur in Lateinamerika gibt, sondern in weltweitem Maßstab in der ganzen Dritten Welt. Laut eher konservativen Berechnungen existieren in den unterentwickelt gehaltenen Ländern

500 Millionen Hungernde;

1,6 Milliarden Menschen mit einer Lebenserwartung von weniger als 60 Jahren; während einer in einem entwickelten Land mit 45 Jahren im Zenit seines Lebens steht, wäre er, hätte er in einem der weiten Gebiete Afrikas oder Lateinamerikas gelebt, schon längst tot;

1 Milliarde Menschen leidet unter absoluter Armut;

1,5 Milliarden Menschen haben keinen Zugang auch nur zur mindesten ärztlichen Versorgung;

500 Millionen sind arbeitslos oder verdienen weniger als 150 Dollar pro Kopf;

814 Millionen sind Analphabeten;

2 Milliarden haben keine gesicherten Wasserquellen.

Wen packt nicht heiliger Zorn angesichts eines solchen menschlichen und sozialen Infernos? Die Theologie der Befreiung jedenfalls setzt einen energischen Protest gegen die Situation voraus, denn diese bedeutet gesellschaftlich: kollektive Unterdrückung, Ausschluß und Marginalisierung, menschlich: Ungerechtigkeit und Leugnung der Menschenwürde, religiös: soziale Sünde, diese aber »läuft dem Plan des Schöpfers zuwider und ist gegen die Ehre gerichtet, die wir ihm schulden« (Puebla*, Nr. 28).

Ohne ein Minimum an Mit-Leiden mit diesem Leiden, das die große Mehrheit der Menschheit heimsucht, kann man Theologie der Befreiung weder treiben noch verstehen. Hinter dieser Theologie steht die prophetische und solidarische Option für das Leben, die Sache und die Kämpfe der Millionen von Erniedrigten und Beleidigten im Blick auf die Überwindung dieser gesellschaftlichen und geschichtlichen Ungleichheit. Die Instruktion des Vatikans »über einige Aspekte der ›Theologie der Befreiung‹« vom 6. August 1984 hat treffend formuliert: »Unmöglich kann man die Situationen dramatischer Not vergessen, die den Theologen diese Herausforderung stellt« (IV.1), die Herausforderung nämlich, eine authentische Theologie der Befreiung zu erarbeiten.

Begegnung mit Christus dem Armen in den Armen: Ursprung der Theologie der Befreiung

Jede theologische Wahrheit entsteht aus einer Spiritualität, mit anderen Worten: aus einer tiefen Begegnung mit Gott in der Geschichte. Die Theologie der Befreiung ist erwachsen aus der Konfrontation des Glaubens mit dem Unrecht, das den Armen angetan wird. Bei diesen handelt es sich nicht einfach um den einzelnen Armen, der an unsere Tür klopft und um ein Almosen bittet. Der Arme, auf den wir uns hier beziehen, ist ein Kollektiv: bestehend aus den Klassen des einfachen Volkes, die sehr viel mehr umfassen als das Prole-

---

* *Puebla* = Die Evangelisierung Lateinamerikas in Gegenwart und Zukunft. Dokument der III. Generalkonferenz des Lateinamerikanischen Episkopats, Puebla 1979.

tariat, dem Karl Marx seine Aufmerksamkeit widmete (es ist ein Mißverständnis, wenn man das Volk, von dem die Theologie der Befreiung spricht, mit dem Proletariat identifiziert, wie es viele Kritiker tun). Der Arme – das sind die ausgebeuteten Arbeiter im kapitalistischen System, es sind die Unterbeschäftigten, es sind die Marginalisierten des Produktionssystems – das Reserveheer, das stets bereitsteht, die Beschäftigten zu ersetzen –, es sind die Landarbeiter und Kleinbauern, die Tagelöhner und Saisonarbeiter. Dieser ganze soziale und historische Block der Unterdrückten bildet das »Volk« als soziales Phänomen. In ihm hat der Christ mit den Augen des Glaubens die herausfordernde Erscheinung des leidenden Gottesknechtes Jesus Christus entdeckt. Im ersten Augenblick herrscht nur schweigende und schmerzliche Betrachtung, als stünden wir vor einer geheimnisvollen Gegenwart, die unsere Aufmerksamkeit erheischt. Doch dann spricht diese Gegenwart. Der Gekreuzigte, gegenwärtig in den Gekreuzigten, klagt und ruft: »Ich bin hungrig, ich bin gefangen, ich bin nackt« (vgl. Mt 25,31–46).

Und jetzt bedarf es, mehr als der Betrachtung, eines wirksamen befreienden Handelns. Der Gekreuzigte will auferstehen. Wir sind nur dann für die Armen, wenn wir zusammen mit ihnen gegen die Armut kämpfen, die andere ungerechterweise erzeugt und ihnen aufgezwungen haben. Der solidarische Dienst am Unterdrückten stellt also einen Akt der Liebe zum leidenden Christus und einen Gottesdienst dar, der Gott wohlgefällt.

Der erste Schritt: das Handeln, das befreit

Worin besteht nun das Handeln, das es dem Unterdrückten tatsächlich ermöglicht, seine unmenschliche Situation zu überwinden? Praxis und Reflexion vieler Jahre haben gezeigt, daß man über zwei Strategien hinauskommen muß: den Assistentialismus und den Reformismus.

Beim *Assistentialismus* steht der Mensch erschüttert vor

dem Bild des kollektiven Elends. Alsbald bemüht er sich, den Notleidenden zu helfen. Infolgedessen organisiert er Hilfs- oder Unterstützungswerke: Brot für die Hungernden, Kleidersammlungen, Wohltätigkeitsveranstaltungen, Weihnachtsfeiern für die Armen, unentgeltliche Verteilung von Medikamenten usw. Diese Strategie hilft den einzelnen, doch sie macht das Volk zum Objekt der Mildtätigkeit, niemals zum Subjekt seiner eigenen Befreiung. Das Volk wird lediglich als Habenichts betrachtet. Es wird nicht wahrgenommen, daß es unterdrückt und durch andere arm gemacht ist; es wird nicht geschätzt, was es besitzt: Widerstandskraft, Fähigkeit zum Bewußtsein von seinen Rechten, Kraft zur Organisation und zur Veränderung seiner Situation. Außerdem führt der Assistentialismus immer zu einer Abhängigkeit der Armen, denn sie sind an die Hilfeleistungen und an die Entscheidungen anderer gebunden und können nicht selbst Subjekte ihrer eigenen Befreiung werden.

Der *Reformismus* sucht zwar bereits die Situation der Armen zu verbessern, doch hält er noch immer an der Art sozialer Beziehungen und an der Grundstruktur der Gesellschaft fest, die verhindern, daß es zu mehr Partizipation aller und zur Veränderung in den Privilegien und ausschließlichen Vorteilen der herrschenden Klassen kommt. Er kann einen beachtlichen Entwicklungsprozeß auslösen, doch diese Entwicklung geschieht auf Kosten des unterdrückten Volkes und nur selten zu seinem Vorteil. Zum Beispiel lag Brasilien, wirtschaftlich gesehen, 1964 an 46. Stelle in der Welt, 1984 war es bereits auf den 8. Rang vorgerückt. In den letzten zwanzig Jahren gab es eine unleugbare technische und industrielle Entwicklung, zu gleicher Zeit aber einen beträchtlichen Rückschritt in den sozialen Verhältnissen: Ausbeutung, Elend und Hunger wie niemals zuvor in unserer Geschichte. Das war der Preis, den die Armen für diesen Typ von elitistischer, ausbeuterischer und ausschließender Entwicklung zu zahlen hatten, der, wie Papst Johannes Paul II. sagt, die Reichen immer reicher und die Armen immer ärmer macht.

Die Armen überwinden ihre Unterdrückungssituation dann, wenn sie eine Strategie erarbeiten, die sich für die Umgestaltung der sozialen Beziehungen besser eignet als der Reformismus. Und das ist eben die Strategie der Befreiung. In der Befreiung vereinigen sich die Unterdrückten, treten in einen Prozeß der Bewußtseinsbildung ein, decken die Ursachen ihrer Unterdrückung auf, organisieren ihre Bewegungen und handeln in zusammenhängender, geordneter Form. Zuerst einmal fordern sie alles, was das herrschende System geben kann: Verbesserungen bei den Löhnen, in den Arbeitsbedingungen, im Gesundheitswesen, im Schulbereich, in der Wohnsituation usw. Sodann handeln sie im Blick auf eine Umgestaltung der augenblicklichen Gesellschaft in Richtung auf eine neue Gesellschaft, die sich durch ausgewogenere und gerechtere soziale Beziehungen und durch menschenwürdigere Lebensformen auszeichnet.

In Lateinamerika, wo die Theologie der Befreiung entstanden ist, hat es, von den Anfängen der spanisch-portugiesischen Kolonisation an, stets Befreiungs- und Widerstandsbewegungen gegeben. Ureinwohner, Sklaven und Marginalisierte widersetzten sich der Gewalt der spanischen und portugiesischen Herren, sie schufen Bollwerke der Freiheit, wie zum Beispiel die Schutzdörfer (Quilombos) und Reduktionen, und führten Aufstands- und Unabhängigkeitsbewegungen an. Es gab Bischöfe wie Bartolomé de Las Casas, Antonio de Valdivieso, Toribio de Mogrovejo und andere Missionare und Priester, die die Rechte der Unterdrückten verteidigten und aus der Verkündigung des Evangeliums auch einen Prozeß der Förderung des Lebens machten. Trotz der massiven Ausübung von Herrschaft und bei allen Widersprüchen zum Evangelium ist der Traum von der Freiheit in Lateinamerika niemals erloschen. In den letzten Jahrzehnten aber wohnen wir auf dem ganzen Kontinent dem Aufbruch eines neuen Bewußtseins von der Befreiung bei. Die organisierten und ihrer selbst bewußt gewordenen Armen schlagen an die Türen ihrer Herren und verlangen nach Leben, Brot,

Freiheit und Würde. Sie beginnen zu handeln mit dem Ziel, die versklavte Freiheit zu befreien. Es entsteht die Befreiung als Strategie der Armen, die auf sich selbst vertrauen und auf ihre Werkzeuge im Kampf: unabhängige Gewerkschaften, Organisationen von Kleinbauern und Landarbeitern, Stadtviertelkomitees, Aktions- und Reflexionsgruppen, Parteien des Volkes, Kirchliche Basisgemeinden. Ihnen schließen sich Gruppen und einzelne aus anderen sozialen Klassen an, die für die Veränderung der Gesellschaft eintreten und sich in ihren Kampf einreihen.

Das Auftreten von Regimen der Nationalen Sicherheit (sprich: der Sicherheit des Kapitals), von Militärregierungen und von Repression gegenüber den Volksbewegungen in fast ganz Lateinamerika erklärt sich als Reaktion auf die umgestaltende, freiheitliche Kraft der organisierten Armen.

Der zweite Schritt: die Glaubensreflexion von der befreienden Praxis aus

Inmitten dieser umfassenderen Bewegung standen und stehen die Christen. In ihrer großen Mehrheit sind die Armen Lateinamerikas zugleich Christen. Die große Frage, die sie sich von Anfang an gestellt haben und die auch in unseren Tagen drängt (denn sie bezeichnet jenes Problem, an dem das Christentum unserer Zeit im Gericht gemessen werden wird), war und ist: Wie kann man Christ sein in einer Welt der Elenden und ungerecht Behandelten? Die Antwort kann nur lauten: Wir werden nur dann Jünger Jesu und wahre Christen sein, wenn wir mit den Armen solidarisch werden und das Evangelium von der Befreiung leben. In den gewerkschaftlichen Kämpfen, im Eintreten für Land und Lebensraum der Ureinwohner, im Kampf für die Menschenrechte und in anderen Formen des Engagements erhob sich stets die Frage: Welchen Beitrag bringt das Christentum in die Praxis und in die Motivationen für die Befreiung der Unterdrückten ein?

Inspiriert durch den Glauben, der, wenn er wahrhaftig sein soll, ein Engagement für den Nächsten, insbesondere den Armen, verlangt (vgl. Mt 25, 31–46), bewegt von der Botschaft vom Reich Gottes, das schon in dieser Welt beginnt und in der Ewigkeit nur kulminiert, angetrieben durch das Leben, die Praxis und das Opfer Christi, der historisch gesehen eine Option für die Armen traf, und durch die absolut befreiende Bedeutung seiner Auferstehung, sind viele Christen – Bischöfe, Priester, Ordensleute und Laien – gemeinsam mit den Armen zum Handeln übergegangen oder haben sich ihren schon im Gang befindlichen Kämpfen angeschlossen. Die Kirchlichen Basisgemeinden, die Bibelkreise, die Gruppen für volksnahe Evangelisierung, die Bewegungen zur Förderung und Verteidigung der Menschenrechte (insbesondere der Armen), die Vereinigungen, die mit der Frage von Grund und Boden, mit der Sache der Ureinwohner, mit den Favelas, mit den Marginalisierten und anderem mehr zu tun haben, erwiesen sich, über ihre im engeren Sinne religiöse und kirchliche Bedeutung hinaus, als Faktoren der Mobilisierung und als Räume befreienden Handelns, und dies in besonderem Maße, wenn sie sich mit anderen popularen Bewegungen verbanden.

Man kann dem Christentum nicht mehr vorwerfen, es sei Opium des Volkes oder es pflege vielleicht allenfalls den kritischen Geist, denn heute ist es zu einem Faktor des Befreiungsengagements geworden. Der Glaube setzt sich nicht mehr nur mit der menschlichen Vernunft und mit dem Lauf der Siegergeschichte auseinander, vielmehr stellt er sich in der Dritten Welt der Armut, die er als Unterdrückung entziffert. Von daher allein vermag sich die Fahne der Befreiung zu erheben.

Das Evangelium wendet sich nicht allein an den modernen und kritischen Menschen, sondern hauptsächlich an den »Nicht-Menschen«, das heißt an jenen, dem die Würde und die fundamentalen Rechte verweigert werden. Daraus erwächst eine prophetische und solidarische Reflexion, die darauf abzielt, aus dem »Nicht-Menschen« einen vollen Menschen und aus dem vollen Menschen den neuen Menschen zu machen – gemäß dem Projekt des »novissimus Adam«, des neuen Adam Jesus Christus.

Die Reflexion von der Praxis aus, innerhalb der gewaltigen Anstrengung der Armen und ihrer Bundesgenossen, und die Suche nach Inspirationen im Glauben und im Evangelium für den Einsatz gegen ihre Armut zugunsten der umfassenden Befreiung jedes Menschen und des ganzen Menschen – das macht die Theologie der Befreiung aus.

Die Christen, die sich an ihr orientieren und sie in ihrer Praxis leben, haben den schwierigsten Weg gewählt: Er schließt ein, daß sie üble Nachrede, Verfolgungen, ja sogar das Martyrium erleiden. Nicht wenige haben angesichts der Erkenntnisse dieser Theologie und der solidarischen Praxis, aus der sie entsteht, einen Prozeß echter Bekehrung durchgemacht. Vor dem Leichnam Pater Rutilio Grandes, der um seines Befreiungseinsatzes für die Armen willen ermordet worden war, verwandelte sich Erzbischof Dom Oscar Romero von San Salvador (in der Republik El Salvador), bislang ein Mann von konservativer Gesinnung, in einen Anwalt und Verteidiger der Armen. Das vergossene Blut des Martyrers wirkte auf seine Augen geradezu wie eine Medizin, so daß sie sich noch zur Stunde für die Dringlichkeit der Befreiung öffneten.

Das Engagement für die Befreiung der Millionen von Unterdrückten unserer Welt gibt dem Evangelium eine Glaubwürdigkeit zurück, die es in seinen Anfängen und in den großen Augenblicken der Heiligkeit und der Prophetie gehabt hat. Der Gott der Zuneigung zu den Erniedrigten und Jesus Christus, der Befreier der Unterdrückten, zeigen sich den Menschen von heute mit einem neuen Angesicht und in einem neuen Bild. Das ewige Heil, das sie ihnen anbieten, nimmt seinen Weg durch die historischen Befreiungen, die den Kindern Gottes Würde verleihen und die unsterbliche Utopie vom Reich der Freiheit, der Gerechtigkeit, der Liebe und des Friedens, vom Reich Gottes mitten unter den Menschen, neu glaubhaft machen.

Aus all dem, was wir gesehen haben, tritt klar zutage, daß das Verständnis der Theologie der Befreiung das Verständnis und die aktive Teilnahme am konkreten und historischen Prozeß der Befreiung der Unterdrückten voraussetzt. Hier erweist es sich, mehr noch als in anderen Bereichen, als notwendig, die rationalistische Wissenschaftstheorie zu überwinden, die sich damit zufriedengibt, eine Theologie durch ihre rein theoretischen Vermittlungen zu begreifen, das heißt durch das Lesen von Aufsätzen, das Hören von Vorträgen und das Wälzen von Büchern. Man muß sich auf die biblische Wissenschaftstheorie einlassen; für sie schließt verstehen lieben, sich mit Leib und Seele ergreifen lassen, ganzheitlich kommunizieren, mit einem Wort: sich einsetzen ein – im Einklang mit dem Prophetenwort: »Den Elenden und Armen verhalf er zum Recht. Heißt nicht *das,* mich erkennen? spricht der Herr« (Jer 22,16). Wie gründlich unangemessen scheinen demnach die Kritiken dessen, der die Theologie der Befreiung von einem rein begrifflichen Niveau aus zur Kenntnis nimmt und um ein konkretes Engagement für die Unterdrückten einen Bogen macht. Ihm antwortet die Theologie der Befreiung mit dieser einen Frage: Welches ist dein Part in der wirksamen und umfassenden Befreiung der Unterdrückten?

II. Die Theologie der Befreiung mit den drei »P«: professionell, pastoral und popular

Von der Basis bis zur Spitze: eine einzige Reflexion

Wenn von Theologie der Befreiung die Rede ist, denkt man gleich an die bekannten Namen Gustavo Gutiérrez, Jon Sobrino, Pablo Richard und andere. Dennoch stellt die Theologie der Befreiung ein kirchliches und kulturelles Phänomen dar, das viel zu reich und zu komplex ist, als daß man hier nur Berufstheologen anführen dürfte. Es handelt sich in Wirklichkeit um einen Denktyp, der zu einem großen Teil die gesamte Körperschaft Kirche, besonders in der Dritten Welt, durchzieht.

Tatsächlich existiert ganz unten in der Kirche, in den sogenannten Kirchlichen Basisgemeinden und in den Bibelkreisen, eine ganze Glaubensreflexion, die wir als eine diffuse und allgemeine Theologie der Befreiung bezeichnen könnten. Sie ist ein Denktyp, der mit der mehr ausgearbeiteten Theologie der Befreiung durchaus übereinkommt, da auch er christlichen Glauben und Unterdrückungssituation miteinander konfrontiert. Und genau darin besteht ja, wie wir noch sehen werden, die Theologie der Befreiung.

Darüber hinaus finden wir zwischen dieser mehr elementaren und der mehr gehobenen Ebene der Theologie der Befreiung noch eine mittlere Ebene: das Feld, auf dem die Reflexion der Hirten – der Bischöfe, Priester, Ordensschwestern und anderer in der Pastoral Tätiger – angesiedelt ist. Diese Ebene ist eine Art Brücke zwischen der mehr ausgearbeiteten Theologie der Befreiung und der Befreiungsreflexion an der christlichen Basis.

Jede der genannten Ebenen reflektiert *dieselbe Sache*: den Glauben in Konfrontation mit der Unterdrückung. Jede reflektiert ihn jedoch *auf je ihre Weise,* wie wir weiter unten darlegen werden.

Es ist wichtig, hier anzumerken, daß von der Basis bis zur höchsten Ebene im Durchgang durch den mittleren Bereich ein und derselbe Strom des Denkens fließt, ein und derselbe umfassende theologische Prozeß im Gang ist.

Der Baum der Theologie der Befreiung: Äste, Stamm und Wurzel

Man kann die Theologie der Befreiung mit einem Baum vergleichen. Wer in ihr allein die Berufstheologen sieht, bekommt nur das Astwerk des Baumes zu Gesicht. Er sieht noch nicht den Stamm, das heißt die Reflexion der Hirten und der anderen Mitarbeiter in der Pastoral, und noch weniger sieht er das Wurzelwerk, das unter der Erde ist und den ganzen Baum, Stamm und Astwerk, ernährt. Dieses Wurzelwerk ist die vitale und konkrete, wenn auch verborgene und namenlose Reflexion Zehntausender von christlichen Gemeinden, die ihren Glauben leben und ihn mit dem Verständnisschlüssel »Befreiung« denken.

Woraus man ersehen kann, daß man mit den sogenannten »Befreiungstheologen« nur die Krone des Baumes der Theologie der Befreiung vor sich hat. Dieser aber setzt sich lebendig fort im Stamm und noch tiefer unten in den Wurzeln, die im Erdreich verborgen sind.

So zeigt sich, daß diese theologische Strömung mit dem Dasein des Volkes, mit seinem Glauben und mit seinem Kampf, ganz eng verbunden ist. Sie ist ein Teil seiner Konzeption von christlichem Leben. Und sie ist andererseits organisch mit der pastoralen Praxis der kirchlichen Mitarbeiter sowie mit der Theorie von deren Handeln verbunden. Wenn eine Theologie diese Stufe der lebensmäßigen Verwurzelung und Verkörperung erreicht hat, wenn sie bis in die Spiritualität, in die Liturgie und in die Ethik gedrungen ist, wenn sie sich in soziale Praxis umgesetzt hat, dann ist sie praktisch unzerstörbar geworden. Das haben die Religionswissenschaftler in ihren Analysen gezeigt.

Die Ebenen der Theologie der Befreiung: die professionelle, die pastorale und die populare

Auf Seite 23 bringen wir ein Schema, um die drei Ebenen, von denen wir sprechen, anschaulich zu machen und zu verdeutlichen, wie sie untereinander in Beziehung stehen.

Diese Skizze zeigt uns die Theologie der Befreiung als ein weites und differenziertes Phänomen. Es umfaßt jede Weise, den Glauben angesichts der Unterdrückung zu denken. Wenn von »Theologie der Befreiung« die Rede ist, dann wird dieser Ausdruck wie selbstverständlich fast immer in seinem strengen und technischen Sinne gebraucht. Und so vor allem wird er auch in diesem Buch benutzt. Darüber aber darf man keinesfalls jene ganze konkrete, dichte und reiche Basis vernachlässigen, aus der sich die professionelle Theologie der Befreiung nährt.

Ein Inhalt in unterschiedlichen Formen

Was eint diese drei Ebenen befreiungstheologischer Reflexion? Es ist dieselbe Grundinspiration: ein Glaube, der die Geschichte umformt oder, anders gesagt, die konkrete Geschichte, gedacht vom Sauerteig des Glaubens aus. Das heißt, daß die Substanz der Theologie der Befreiung von Gustavo Gutiérrez dieselbe ist wie die eines christlichen Landarbeiters aus dem brasilianischen Nordosten. Der Grundgehalt ist derselbe. Derselbe Saft, der durch die Äste des Baums fließt, strömt auch durch den Stamm und steigt aus den in der Erde verborgenen Wurzeln empor.

Die Unterscheidung zwischen den verschiedenen Typen von Theologie liegt in ihrer Logik, konkreter gesagt: in ihrer Sprache. Die Theologie kann ja in geringerem oder höherem Grade artikuliert sein. Es liegt auf der Hand, daß die popu-

	Professionelle Theologie der Befreiung	**Pastorale Theologie der Befreiung**	**Populare Theologie der Befreiung**
Beschreibung	Mehr ausgearbeitet und strenger	Mehr organisch und praxisverbunden	Mehr diffus und verzweigt, fast spontan
Logik	Von wissenschaftlichem Typ: methodisch, systematisch, dynamisch	Logik des Handelns: konkret, prophetisch, antreibend	Logik des Lebens: mündlich, gestisch, sakramental
Methode	Sozioanalytische Vermittlung, hermeneutische Vermittlung, praktische Vermittlung	Sehen, Urteilen, Handeln	Konfrontation: Evangelium und Leben
Ort	Theologische Institute, Seminare	Pastoralinstitute, Bildungszentren	Bibelkreise, Kirchliche Basisgemeinden
Bevorzugte Momente	Theologische Kongresse	Kirchliche Versammlungen	Schulungskurse
Produzenten	Berufstheologen (Professoren)	Hirten und Mitarbeiter in der Pastoral (Laien, Ordensschwestern u. a.)	Mitglieder der Kirchlichen Basisgemeinden und deren Koordinatoren (Leiter)
Mündliche Produktion	Vorträge, Vorlesungen, Beratungsarbeit	Gespräche, Berichte	Erläuterungen, Feiern, Dramatisierungen
Schriftliche Produktion	Bücher, Aufsätze	Pastoraldokumente, Vervielfältigungen	Leitpapiere, Briefe

lare Theologie in Ausdrücken der gewöhnlichen Sprache mit ihrer ganzen Spontaneität und Färbung betrieben wird, während sich die professionelle Theologie einer mehr konventionellen Sprache mit ihrer Strenge und besonderen Genauigkeit bedient.

So wird leicht verständlich, was die Theologie der Befreiung ist, wenn man ihr Vorgehen von unten aus betrachtet oder, mit anderen Worten, wenn man analysiert, was die Kirchlichen Basisgemeinden tun, wenn sie das Evangelium lesen und es ihrem unterdrückten und nach Befreiung verlangenden Leben gegenüberstellen. Nun, die professionelle Theologie der Befreiung tut nichts anderes, sie tut es nur auf eine ausgeklügeltere Weise. Die pastorale Theologie auf der mittleren Ebene übernimmt ihrerseits eine Logik und eine Sprache, die sich ebensosehr auf die Basis (Konkretheit, Verständlichkeit usw.) wie auf die Spitze (kritischer und organischer Charakter usw.) stützt.

Die integrierte und integrierende Theologie der Befreiung

Es kommt nun darauf an, zu zeigen, daß die drei Typen von theologischer Reflexion nicht in sich selbst abgeschlossen sind oder bloß nebeneinanderstehen. Zumeist gehen sie integriert vor. Die Integration geschieht auf jeder Ebene. Auf der Ebene der popularen Theologie der Befreiung beispielsweise dann, wenn ein Hirte (ein Priester oder Bischof) und ein Theologe in einem gemeindlichen Zentrum mitten unter dem Volk sitzen und *mit* den Leuten ihren Kampf und ihren Weg bedenken. Die Integration kann auch auf der Ebene der wissenschaftlichen Theologie der Befreiung stattfinden, wenn beispielsweise Mitarbeiter in der Pastoral und Laien von der Basis an systematischen Theologiekursen teilnehmen. Im übrigen erleben wir, daß mehr und mehr Laien theologische Kurse besuchen oder Vorträgen zur Glaubensvertiefung lauschen.

Die klarste Integration geschieht jedoch auf der mittleren

Ebene, der der pastoralen Theologie der Befreiung, insbesondere bei kirchlichen Versammlungen. Hier sieht man die Träger der Pastoral (Bischöfe, Priester, Ordensleute und freiwillige Mitarbeiter), die ihre Probleme behandeln, Christen von der Basis, die von ihren Erfahrungen berichten, und Theologen, die aufklärende Beiträge liefern, die aufgeworfenen Fragen vertiefen und die Ergebnisse festhalten. Es ist bemerkenswert, daß an solchen Ereignissen wie Diözesan- oder Bischofsversammlungen auch Gesellschaftsanalytiker teilnehmen, die den Weg der Befreiung mitgehen und die ihre berufliche Kompetenz als Soziologen, Wirtschaftswissenschaftler, Pädagogen, Techniker in den Dienst am Volk stellen.

So sieht man, daß die Theologie der Befreiung, zumindest im Raum des im Entstehen begriffenen Modells einer Kirche der Befreiung, in wachsendem Maße die Figuren des Hirten, des Theologen und des Laien integriert. Sie alle gruppieren sich um die Achse des Auftrags zur Befreiung. Wir haben die alte, in weiten Bereichen noch immer herrschende Aufteilung zwischen einer *kanonischen* und offiziellen Theologie, die an den bischöflichen Kurien betrieben wird, einer *kritischen* und streitbaren Theologie, die in den gelehrten Zentren von Lehre und Forschung geübt, und einer *wilden* Theologie, die an den Rändern der Kirche praktiziert wird, weit hinter uns gelassen.

Jeder, der glaubt und seinen Glauben denkt, ist in gewisser Weise Theologe

Das Schema auf Seite 23 zeigt auch, daß das ganze Volk Gottes seinen Glauben reflektiert und so als ganzes Theologie treibt und dies nicht den Profis überläßt. Es gibt ja keinen Glauben ohne ein Minimum an Theologie. Warum das? Weil der Glaube menschlich ist und weil er das Verstehen sucht, wie die klassischen Theologen sagten. Und so will jeder, der glaubt, auch etwas von seinem Glauben verstehen. Wenn man aber den Glauben denkt, so treibt man schon Theologie. So ist also jeder Christ in einer gewissen Weise auch Theologe, und er wird es um so mehr sein, je mehr er seinen Glauben denkt. Das Subjekt des Glaubens ist das Subjekt der Theologie – der denkende und gedachte Glaube, im Kontext der Kirche kollektiv entwickelt und gepflegt. Eine Kirchliche Basisgemeinde, die aus einer Passage des Evangeliums Lehren für heute zu ziehen sucht, treibt Theologie. Die populare Theologie ist ein Denken des Glaubens, das sich in gegenseitigem Austausch vollzieht. Jeder bringt seine Überzeugung ein und ergänzt oder kritisiert die anderen Ansichten, bis alle die Frage klarer erfaßt haben. Oder sollte das Volk vielleicht kein Recht aufs Denken haben? Sollte es lediglich »lernende Kirche« sein, das heißt die Kirche, die erzogen wird, und nicht in irgendeiner Weise Kirche, die Zögling *und* Erzieherin ist?

Die mündliche und sakramentale Logik der popularen Theologie der Befreiung

Die populare Theologie ist vor allem eine mündliche, eine gesprochene Theologie. Das Geschriebene steht hier entweder im Dienst am Dialog über den Glauben (in Leitpapieren/ Leitlinien), oder aber es ist eine Art »Bodensatz«, eine Sammlung dessen, was man vom Gespräch hat festhalten wollen. Die populare Theologie der Befreiung ist jedoch noch mehr als bloßes mündliches Tun: sie ist eine »sakramentale« Theologie; sie realisiert sich durch Gesten und Symbole. So hat das »Volk von der Basis« zum Beispiel den Brauch, den Kapitalismus als einen Baum mit faulen Früchten und giftigen Wurzeln zu verbildlichen. Es stellt Szenen aus dem Evangelium in dramatischen Aktualisierungen dar. So hat etwa eine Bibelgruppe die Situation der Prostituierten heute dargestellt und dazu ein Plakat mit der Aufschrift »Die Letzten in der Gesellschaft – die Ersten im Reich Gottes« entworfen. Eine andere Gruppe hat in einem Kurs über die

Apokalypse die morgendliche Runde vorbereitet, indem sie auf die Tafel einen siebenköpfigen Drachen gegenüber einem stehenden, verwundeten Lämmchen zeichnete. Dann wurden die Anwesenden aufgefordert, den sieben Köpfen Namen zu geben. Männer und Frauen standen auf und schrieben, so gut sie konnten, an die Tafel: Multinationale Unternehmen, Gesetz der Nationalen Sicherheit, Auslandsschulden, Militärdiktatur – bis hin zu den Namen von Ministern, die als volksfeindlich galten. Unter das Lamm schrieb jemand: »Jesus Christus der Befreier«. Und eine Frau stand auf und setzte hinzu: »Das Volk der Armen«.

In all dem waltet ein religiöses Denken, wird eine ganze Theologie greifbar. Natürlich benennt sich dieses Tun nicht selbst so. Und es muß das auch gar nicht. Es handelt sich ja um eine anonyme und kollektive Theologie – doch sie hat ihre Kraft und ihre Wahrheit. Sie ist wirklich Theologie und Theologie des Wirklichen, so wie die medizinischen Hausmittel wirkliche Heilmittel sind.

Ist sie vielleicht auch eine kritische Theologie? Ja, sie ist kritisch, weil hellsichtig und prophetisch; kritisch nicht im akademischen, sondern im realen Sinn, denn sie gibt sich Rechenschaft von den Ursachen und faßt die Mittel ins Auge, die an die Ursachen rühren. Oftmals – das muß man zugeben – geht sie weit über die vorgeblich kritische Haltung der Gelehrten hinaus, die zwar die Schwanzhaare des Untiers zu zählen vermögen, ihm aber noch nie ins Gesicht geblickt haben.

Die Theologie der Befreiung und die Pastoral

Es gibt eine pastorale Theologie; sie läßt das Licht des Erlösungswortes auf die Realität der Ungerechtigkeit und des Unrechts fallen und will damit die Kirche im Befreiungskampf inspirieren. Sie ist eine Theologie eigener Art. Sie steht auf derselben Linie und atmet denselben Geist wie die

Theologie der Befreiung, wie man sie kennt. Beide haben sie dieselbe Wurzel: den Glauben an das Evangelium, beide haben sie dasselbe Ziel: die befreiende Praxis der Liebe.

Diese beiden Typen von Theologie bereichern sich gegenseitig: Die Theologen übernehmen und vertiefen die pastoralen Konzeptionen, und die Hirten gliedern die brauchbarsten Gesichtspunkte und Ergebnisse der Theologen in ihre Vorstellungen ein.

Die Hirten wissen, wieviel sie der Beratung durch die Theologen verdanken. Anläßlich der Instruktion der Glaubenskongregation über die Theologie der Befreiung erklärten die Bischöfe Brasiliens in ihrer Generalversammlung im April 1985, daß, ungeachtet aller möglichen »Zweideutigkeiten und Verwirrungen«, die bekannte Theologie der Befreiung die »Evangelisierung fördere«, weil sie »den Zusammenhang zwischen den Bewegungen, die die Befreiung des Menschen wollen, und der Realität des Reiches Gottes erhelle« (Nr. 5).

Die Bischöfe, Priester und anderen Träger der Pastoral geben sich nicht einfach damit zufrieden, sich die Theologie der Befreiung der Berufstheologen zu eigen zu machen, sie selber treiben vielmehr ihre Theologie der Befreiung in Übereinstimmung mit ihrem Auftrag. Dabei können sie allerdings ihre eigene Reflexion durch die spezifischen Darlegungen der mehr ausgearbeiteten Theologie der Befreiung wissenschaftlichen Typs bereichern.

Im übrigen hat die institutionelle Kirche niemals irgendeine wissenschaftliche Theologie als für den Glauben verbindlich betrachtet. Sie könnte das auch gar nicht tun. Ihr genügt die Grundbotschaft der Heiligen Schrift und der großen kirchlichen Tradition. Dennoch haben die Hirten zur Erfüllung ihres Auftrags immer auf jene theologischen Strömungen zurückgegriffen, die ihnen am hilfreichsten schienen. Anders könnte es gar nicht sein. Genau das aber spielt sich auch zwischen den Hirten der Befreiung und den Theologen der Befreiung ab.

Ebendarum kann man innerhalb der Kirche der Dritten Welt einen sehr weit gehenden spirituellen Einklang zwischen der professionellen Theologie der Befreiung und der pastoralen Theologie der Befreiung feststellen. Dies wird besonders deutlich bei den Bischöfen, die selbst befreiend wirken wollen. In diesem Sinne hat Johannes Paul II. an die brasilianischen Bischöfe anläßlich ihrer Versammlung am 1. Mai 1984 folgende provozierende Ermahnung gerichtet: »Die Bischöfe Brasiliens mögen sich daran erinnern, daß sie das Volk aus der Ungerechtigkeit, die, wie ich weiß, drückend ist, befreien müssen. Mögen sie diese Rolle als Befreier des Volkes auf den richtigen Wegen und mit den richtigen Methoden übernehmen.«

Nun – ein Bischof, der sich der Befreiung verschrieben hat, kann schließlich nur eine pastorale Theologie der Befreiung treiben!

Wie der Befreiungstheologe konkret wirkt

Seine Arbeit beschränkt sich nicht auf das Theologietreiben in den Zentren für Reflexion, Lehre und Forschung, was normalerweise die Theologischen Fakultäten und Institute sind, an denen die Kirche ihre Priester und qualifizierten Laien ausbildet; ja, diese Einrichtungen stellen nicht einmal den hauptsächlichen Ort dar, an dem die Theologie der Befreiung erarbeitet wird. Der Befreiungstheologe ist kein Stubenintellektueller. Er ist eher ein »organischer Intellektueller«, ein »militanter Theologe«, der sich in den Zug des Volkes Gottes einreiht und mit den Verantwortlichen für die Pastoral eng verbunden ist. Er steht zuverlässig mit dem einen Fuß im Reflexionszentrum und mit dem anderen im Leben der Gemeinde – dort übrigens mit dem rechten.

Wie geht nun der Befreiungstheologe vor? Man trifft ihn an der Basis. Er bindet sich an eine konkrete Gemeinde und teilt ihr Leben. Indem er seinen Dienst theologischer Aufklärung übt, geht er den Weg der Gemeinde mit. Man trifft ihn an einem Wochenende in irgendeiner Favela oder in einer Gruppe an der Peripherie oder in einer Pfarrei auf dem Land. Dort lebt er, unterwegs mit dem Volk, sprechend, lernend, hörend, fragend und befragt. Es gibt nicht den reinen Theologen, den Nur-Theologen, der lediglich Theologie kennt. Wie wir gesehen haben, muß der Befreiungstheologe in hohem Maße die Kunst der Verknüpfung beherrschen: Er muß den Diskurs der Gesellschaft, der Unterdrückten, des ganzen Universums von popularen, symbolischen und sakramentalen Bedeutungen mit dem Diskurs des Glaubens und der großen Tradition verknüpfen. Wenn man im Umfeld der Befreiung nur von Theologie etwas verstehen will, verurteilt man sich dazu, noch nicht einmal von dieser Theologie etwas zu verstehen. Darum vereint der Befreiungstheologe in sich den Hirten, den Analytiker, den Bruder im Glauben und den Weggefährten. Immer muß er ein Mensch des Geistes sein, damit er in einer Reflexion von Glauben, Hoffnung und tätiger Liebe Anreger sein und die Erfordernisse übersetzen kann, die sich ergeben, wenn man das Evangelium mit den Zeichen der Zeit konfrontiert, die in den Schichten des einfachen Volkes aufleuchten.

Sodann wird man den Theologen in den Zusammenkünften mit dem Gottesvolk antreffen. Das mag ein geistlicher Besinnungstag sein, ein Treffen auf Diözesanebene zur Rückschau und Planung, ein Bibelkurs, ein Treffen über Fragen der Pastoral von Grund und Boden oder der marginalisierten Frau, eine Diskussion über die Herausforderungen der schwarzen oder indianischen Kultur. Dort ist er dabei – vor allem als Berater. Er hört die Probleme, und er bekommt die Theologie mit, die in der Gemeinde und von ihr gemacht wird, jene primäre Basisreflexion, die die Theologie *des* Volkes im Ausgang von seinem Leben ist. Aufgefordert von der Versammlung, versucht er dann, die aufgeworfene Problematik zu reflektieren, zu vertiefen, zu kritisieren, zurückzugeben; dabei stellt er sie immer dem Wort der Offenbarung, den Aussagen des kirchlichen Lehramts und der großen Tradition gegenüber. Wieder andere Male sehen wir ihn bei interdisziplinären Debatten, bei Diskussionsrunden, auch in den großen Kommunikationsmedien – als Repräsentanten einer Kirche, die Ernst macht mit der solidarischen Option für die Armen. Dann, so könnten wir sagen, treibt er Theologie *mit* dem Volk.

Schließlich finden wir den Theologen auch in seinem Arbeitszimmer: lesend, forschend, seine Vorträge, Vorlesungen und Kurse vorbereitend, Aufsätze und Bücher schreibend. Dies ist das theologische und wissenschaftliche Moment. Und hier, in diesem Laboratorium, werden die Erfahrungen der Basis und die Praxis der Träger der Pastoral kritisch wieder aufgenommen, vertiefend reflektiert und begrifflich, das heißt in wissenschaftlicher Strenge, verarbeitet. Von hier aus bricht der Theologe auf, um die Pastoral anzuregen, die Mitarbeiter zu beraten oder an Diskussionen teilzunehmen, aber auch gelegentlich, um ins Ausland zu reisen und in den Zentren der Macht und der Produktion zu sprechen. Und dies ist eine Theologie *vom* Volk *aus*.

Bei der gewaltigen Menge von Tätigkeiten und praktischen wie theoretischen Anforderungen, die diese Form von Theologie mit sich bringt, trifft man nicht selten Befreiungstheologen, die bis zur Erschöpfung ermüdet sind. Die Probleme übersteigen das Reflexions- und Arbeitsvermögen des einzelnen und vereinzelten Theologen. Darum ist diese Theologie ganz grundsätzlich eine Aufgabe, die kollektiv und in organischer Verbindung mit der ganzen Kirche und mit den verschiedenen oben beschriebenen Formen der Erarbeitung erfüllt werden muß.

Zum guten Schluß bleibt dem Befreiungstheologen nur das Herrenwort: »Wir sind unnütze Knechte, was wir zu tun schuldig waren, das haben wir getan« (Lk 17,10).

III. Wie Theologie der Befreiung gemacht wird

Damit kommen wir zum Zentrum unserer Überlegungen. Es geht um die Frage der Methode. Wie treibt man Theologie der Befreiung?

Das vorgängige Moment: das gelebte Engagement

Bevor man Theologie betreibt, muß man zuerst einmal Befreiung betreiben. Der erste Schritt zur Theologie ist vortheologisch. Es kommt darauf an, das Engagement des Glaubens zu leben; in unserem Fall heißt das, auf irgendeine Weise am Befreiungsprozeß teilzunehmen, sich für die Unterdrückten einzusetzen.

Ohne diese konkrete Vorbedingung wird die Theologie der Befreiung zur bloßen Literatur werden. Es genügt hier also nicht, bloß die Praxis zu reflektieren. Vielmehr ist es notwendig, zuvor eine lebendige Verbindung mit der lebendigen Praxis herzustellen. Anderenfalls verkommen der Arme, die Unterdrückung, die Revolution, die neue Gesellschaft zu bloßen Wörtern, die in einem beliebigen Wörterbuch stehen können.

Eines muß klar sein: *An der Wurzel* der Methode der Theologie der Befreiung finden sich die Bande zur konkreten Praxis. Und innerhalb dieser umfassenderen Dialektik von Theorie (des Glaubens) und Praxis (der Liebe) wirkt die Theologie der Befreiung.

Nur in der wirksamen Verbindung mit der befreienden Praxis kann der Theologe einen »neuen Geist«, einen neuen Stil oder eine neue Weise des Theologietreibens entwickeln. Theologe sein heißt nicht, mit Methoden zu jonglieren, sondern von theologischem Geist durchdrungen zu sein. Die Theologie der Befreiung ist also nicht so sehr eine neue Methode, sondern viel eher eine neue Weise, Theologe zu sein. Die Theologie ist immer ein sekundärer Akt, primär aber ist der »Glaube, der durch Liebe wirkt« (Gal 5,6). Die Theologie (nicht der Theologe) kommt nachher, voraus geht die befreiende Praxis.

Man muß also zuerst einmal vermöge eines uneigennützigen und solidarischen Einsatzes an der Seite der Armen eine direkte Kenntnis der Realität von Unterdrückung und Befreiung haben. Dieses vor-theologische Moment bedeutet wahrhaft eine Lebensbekehrung, und diese wiederum schließt eine »Klassenbekehrung« ein, das heißt, daß man zur wirksamen Solidarität mit den Unterdrückten und ihrer Befreiung gelangt.

Drei Formen des Einsatzes an der Seite der Armen

Zweifellos besteht für einen Theologen die konkrete und besondere Weise des Engagements für die Unterdrückten darin, daß er eine gute Theologie macht. Indessen möchten wir hier unterstreichen, daß dieses Unterfangen unmöglich ist ohne ein *Mindesimaß an Kontakt* mit der Welt der Unterdrückten selbst. Es bedarf eines wahrhaft physischen Kontaktes, wenn man zu einer neuen theologischen Sensibilität finden will.

Ein solcher Kontakt kann sich jedoch in verschiedenen Formen und Graden vollziehen. Sie hängen von der Person und den Umständen ab.

Es gibt Theologen, die zur christlichen Basis eine mehr oder weniger eingeschränkte Verbindung unterhalten. Sie kann sporadischen Charakters sein (Besuche, Treffen, besondere Anlässe usw.) oder aber regelmäßig wahrgenommen werden (pastorale Begleitung an den Wochenenden, theologisch-pastorale Beratung einer Gemeinde oder einer Volksbewegung usw.).

Andere wechseln ab zwischen Zeiten theoretischer Arbeit (Lehren, Forschen, Ausarbeiten) und Zeiten praktischer Arbeit (pastorale Arbeit oder theologischer Beistand in einer bestimmten Kirche).

Wieder andere nahmen am Leben der Volksschichten teil, indem sie gemeinsam mit dem einfachen Volk leben und arbeiten.

Wie dem auch im einzelnen sei, eines ist jedenfalls klar: Wenn jemand eine stimmige Theologie der Befreiung machen will, muß er sich der »Zulassungsprüfung« bei den Armen stellen. Erst nachdem er auf den Bänken der Erniedrigten gesessen hat, besitzt er die Voraussetzung zum Eintritt in die Schule der Gelehrten.

Grundschema der Methode der Theologie der Befreiung

Die Erarbeitung der Theologie der Befreiung geschieht in drei Grundmomenten, die den drei Takten der bekannten pastoralen Methode entsprechen: Sehen, Urteilen, Handeln.

In der Theologie der Befreiung spricht man von drei Hauptvermittlungen: der sozio-analytischen, der hermeneutischen und der praktischen Vermittlung. Sie heißen »Vermittlungen«, weil sie Mittel oder Instrumente theologischer Konstruktion darstellen. Schauen wir rasch, wie diese drei Vermittlungen sich darbieten und wie sie untereinander verknüpft sind.

Die sozio-analytische Vermittlung blickt in die Richtung der Welt des Unterdrückten. Sie sucht zu verstehen, warum der Unterdrückte unterdrückt ist.

Die hermeneutische Vermittlung blickt in die Richtung der Welt Gottes. Sie bemüht sich, zu entdecken, welches der göttliche Plan hinsichtlich des Armen ist.

Die praktische Vermittlung ihrerseits blickt in die Richtung des Tätigwerdens und sucht die Richtlinien des Handelns zu entdecken, durch das in Übereinstimmung mit dem Plan Gottes die Unterdrückung überwunden werden soll.

Wir wollen diese Vermittlungen nun nacheinander detaillierter erläutern.

1. Sozio-analytische Vermittlung

Befreiung ist Befreiung des Unterdrückten. Deshalb muß die Theologie der Befreiung damit beginnen, daß sie sich unter die realen Bedingungen beugt, in denen der Unterdrückte lebt, welcher Art seine Unterdrückung auch sei.

Gewiß ist Gott der primäre Gegenstand der Theologie. Dennoch muß der Theologe, noch bevor er sich fragt, was die Unterdrückung in den Augen Gottes bedeutet, sich noch grundsätzlicher die Frage stellen, was die reale Unterdrückung ist und welches ihre Ursachen sind. Die Kenntnis Gottes ersetzt nämlich nicht die Kenntnis der realen Welt, noch verdrängt sie sie. »Ein Irrtum bezüglich der Welt«, sagt der große Thomas von Aquin, »führt zu einem Irrtum bezüglich Gottes« (Summa contra gentiles II 3).

Wenn der Glaube als christliche Liebe wirksam sein will, muß er offene Augen für die historische Wirklichkeit haben, die er zu durchsäuern trachtet. Deshalb bildet die Kenntnis der realen Welt des Unterdrückten einen (materialen) Teil des umfassenden theologischen Prozesses. Sie ist ein notwendiges, wenn auch nicht hinreichendes Moment und eine ebensolche Vermittlung für ein späteres und tieferes Verständnis, das das eigentliche Wissen des Glaubens ist.

a) Wie das Phänomen der Unterdrückung zu verstehen ist. – Angesichts des Unterdrückten kann die erste Frage des Theologen nur lauten: Warum kommt es zur Unterdrückung? Wo hat sie ihren Ursprung?

Nun, der Unterdrückte hat viele Gesichter. Puebla zählt auf: die Gesichter von Kindern, von jungen Menschen, von Ureinwohnern, der Landbevölkerung, von Arbeitern, von Unterbeschäftigten und Arbeitslosen, von Marginalisierten und von Alten (Nr. 32-39).

Dennoch ist die *epochale Gestalt* des Unterdrückten in der Dritten Welt der Arme im sozio-ökonomischen Sinn, es sind die verarmten Massen an den städtischen und ländlichen Peripherien.

Von hier, von dieser infra-strukturellen Unterdrückung müssen wir ausgehen, wenn wir die anderen Formen von Unterdrückung richtig verstehen und in der gebotenen richtigen Weise miteinander verknüpfen wollen. Tatsächlich beeinflußt, wie wir noch deutlicher sehen werden, die sozio-ökonomische Form von Unterdrückung auf irgendeine Weise alle anderen Formen.

Ansetzend also bei diesem Grundausdruck von Unterdrückung, der sozio-ökonomischen Armut, sollten wir uns zunächst fragen, wie sie zu erklären ist.

Was das angeht, sieht die Theologie der Befreiung drei mögliche alternative Antworten: die empiristische, die funktionalistische und die dialektische. Wir wollen in aller Kürze jede von ihnen skizzieren.

aa) Die empiristische Erklärung: Armut als Laster. – Diese Strömung erklärt die Armut kurz und oberflächlich; sie schreibt die Ursächlichkeit für die Armut der Trägheit, der Unwissenheit, schlicht gesagt: der Bosheit des Menschen zu. Den kollektiven oder strukturellen Aspekt der Armut sieht sie nicht, daß nämlich die Armen ganze Massen bilden und an Zahl ständig zunehmen. Diese Erklärung ist die platte, in der Gesellschaft jedoch am weitesten verbreitete Vorstellung vom sozialen Elend.

Als logische Lösung für das Problem der Armut hält sie den bekannten *Assistentialismus* bereit; er reicht vom Almosen bis zu den verschiedensten Hilfskampagnen für die Armen. Der Arme gilt hier als ein »armer Unglücklicher«.

bb) Die funktionalistische Lösung: Armut als Rückständigkeit. – Sie ist die liberale oder bürgerliche Lösung für das Phänomen der sozialen Armut. Diese wird dem bloßen ökonomischen und sozialen Rückstand angelastet. Mit der Zeit werde, dank dem Entwicklungsprozeß, den ausländische Darlehen und Technologien in der Dritten Welt fördern, der »Fortschritt« eingezogen und der Hunger verschwunden sein – so denken die Funktionalisten.

Der soziale und politische Ausweg ist in diesem Fall der

Reformismus, verstanden als wachsende Verbesserung des herrschenden Systems. Der Arme erscheint hier als »Objekt« eines Handelns von oben herab.

Das Positive an dieser Konzeption ist, daß sie die Armut als *kollektives* Phänomen sieht; doch ihren *konfliktiven* Charakter übersieht sie. Man könnte auch sagen: Sie weiß nicht, daß die Armut »nicht Zufall, sondern das Ergebnis wirtschaftlicher, sozialer, politischer und anderer Gegebenheiten und Strukturen ist« (Puebla, Nr. 30), wobei »die Reichen immer reicher werden ... auf Kosten der Armen, die immer mehr verarmen« (ebd.).

cc) Die dialektische Erklärung: Armut als Unterdrükkung. – Sie versteht die Armut als Auswirkung der ökonomischen Organisation der Gesellschaft selbst, die die einen – nämlich die Arbeiter – ausbeutet und die anderen – nämlich die Unterbeschäftigten, die Arbeitslosen und die ganze Masse der Marginalisierten – vom Produktionssystem *ausschließt.* Wie Johannes Paul II. in seiner Enzyklika »Laborem exercens« feststellt, liegt der Ursprung dieser Situation in der Vorherrschaft des Kapitals über die Arbeit: jenes wird von wenigen kontrolliert, diese aber von den großen Mehrheiten ausgeführt (ebd. Kap. III).

In dieser Interpretation, auch historisch-strukturelle genannt, erscheint die Armut in vollem Sinne als ein *kollektives* und darüber hinaus *konfliktives* Phänomen, zu dessen Überwindung es eines *alternativen* sozialen Systems bedarf.

Der Ausweg aus der Situation ist tatsächlich die Revolution, verstanden als Umformung der Grundlagen des ökonomischen und sozialen Systems. Der Arme tritt hier als »Subjekt« auf den Plan.

b) Der Zugriff der historischen Vermittlung und die Aufmerksamkeit für die Kämpfe der Unterdrückten. – Die sozioanalytische Interpretation, wie sie oben dargestellt wurde, wird tunlichst durch eine historische Annäherung an die Problematik der Armut Ergänzung finden. Diese Annäherung läßt den Armen nicht mehr nur in seiner gegenwärtigen Lage, sondern als den Endpunkt eines ganzen langen Prozesses sozialer Ausplünderung und Marginalisierung sichtbar werden. Hier bekommt man auch wieder einen Blick für die Kämpfe der kleinen Leute, die sie im Laufe ihres ganzen historischen Weges auszufechten hatten.

Tatsächlich wird die Situation der Unterdrückten nicht allein durch deren Unterdrücker definiert, sondern auch durch die Art, wie sie selbst auf die Unterdrückung reagieren, ihr Widerstand leisten und darum kämpfen, sich von ihr zu befreien.

Ebendarum wird man niemals einen Armen verstehen, wenn man ihn nicht in seiner Dimension als gesellschaftliches und mit-handelndes, wenn auch unterlegenes Subjekt des Geschichtsprozesses begreift. Folgerichtig muß man, will man die Welt der Armen analysieren, nicht nur deren Unterdrückung, sondern auch ihre Geschichte und ihre Befreiungspraxis, so embryonal sie auch sein mag, berücksichtigen.

c) Der Fall eines schlechtverdauten Marxismus. – Wenn es um den Armen und den Unterdrückten geht und wenn ihre Befreiung gesucht wird, wie könnte sich da die Begegnung mit den marxistischen Gruppen (im konkreten Kampf) und mit der marxistischen Theorie (auf der Ebene der Reflexion) vermeiden lassen? Diese Frage kündigte sich schon weiter oben an, als wir uns auf die dialektische oder historisch-strukturelle Deutung des Phänomens der sozio-ökonomischen Armut bezogen.

Was das Verhältnis zur marxistischen Theorie angeht, beschränken wir uns hier auf einige wesentliche Markierungen:

1. In der Theologie der Befreiung wird der Marxismus niemals an sich selbst behandelt, sondern immer *ausgehend und abhängig von den Armen*. Unverrückbar an der Seite der kleinen Leute stehend, richtet der Theologe an Karl Marx die Frage: »Was kannst du uns über die Situation des Elends

und über die Wege zu seiner Überwindung sagen?« Damit wird der Marxist dem Urteil des Armen und seiner Sache unterworfen, nicht umgekehrt!

2. Darum benützt die Theologie der Befreiung den Marxismus in einem rein *instrumentalen* Sinn. Sie verehrt ihn nicht, wie sie die heiligen Evangelien verehrt. Und sie fühlt sich auch nicht verpflichtet, vor den Sozialwissenschaftlern Rechenschaft abzulegen über den Gebrauch, den sie von den marxistischen Wörtern und Ideen macht (etwa ob sie sie richtig gebraucht oder nicht), sondern nur vor den Armen, vor ihrem Glauben und ihrer Hoffnung und vor der kirchlichen Gemeinschaft. Konkreter gesagt: Die Theologie entnimmt dem Marxismus freiweg einige »methodologische Anhaltspunkte«, die sich als fruchtbar für das Verständnis des Universums der Unterdrückten erwiesen haben. Dazu gehören:

die Bedeutsamkeit der wirtschaftlichen Faktoren,
die Aufmerksamkeit für den Klassenkampf,
die Mystifikationsmacht der Ideologien, auch der religiösen, usw.

Genau dies hat seinerzeit der Jesuitengeneral P. Pedro Arrupe in seinem schon berühmt gewordenen Brief über die marxistische Analyse vom 8. Dezember 1980 bekräftigt.

3. Darum auch unterhält der Befreiungstheologe eine entschieden kritische Beziehung zum Marxismus. Marx (wie jeder Marxist) kann durchaus Weggefährte (vgl. Puebla, Nr. 554), aber niemals kann er »der« Führer sein. »Denn nur einer ist euer Lehrer, Christus« (Mt 23,10). Wenn es so ist, können der marxistische Atheismus und Materialismus für einen Befreiungstheologen nicht einmal zur Versuchung werden.

d) Die notwendige Erweiterung der Vorstellung vom Armen. –

aa) Der Arme als Schwarzer, Indianer und Frau. – In der Theologie der Befreiung geht es um die Befreiung des Unter-

drückten: des ganzen Unterdrückten, mit Leib und Seele, und jedes Unterdrückten, des Armen, des Unterlegenen, des Diskriminierten usw. Man kann hier unmöglich beim rein sozio-ökonomischen Aspekt der Unterdrückung, dem Aspekt der Armut, so grundlegend und bestimmend er auch sein mag, stehenbleiben. Vielmehr muß man auch die anderen Bereiche sozialer Unterdrückung sehen:
die rassische Unterdrückung – der Schwarze,
die ethnische Unterdrückung – der Indianer,
die sexuelle Unterdrückung – die Frau.
Diese unterschiedlichen Unterdrückungen, die einige auch »Segregationen«, Ausgrenzungen, Aussonderungen, nennen, und andere mehr (wie die generationsbedingten – der junge Mensch – und die altersbedingten – das Kind und der alte Mensch) haben ihr spezifisches Wesen und brauchen auch eine spezifische (theoretische und praktische) Behandlung. Daraus folgt, daß man eine ausschließlich »klassenbezogene« Vorstellung vom Unterdrückten – als wäre dieser nur der Arme im sozio-ökonomischen Sinn – überwinden muß. In der Reihe der Unterdrückten finden wir weit mehr als nur die Armen.

Dennoch müssen wir hier im Auge behalten, daß der sozio-ökonomisch Unterdrückte, der Arme, nicht einfach *neben* anderen Unterdrückten wie etwa dem Schwarzen, dem Indianer und der Frau (um einmal bei den bezeichnendsten Kategorien in der Dritten Welt zu bleiben) existiert. Nein, der klassenmäßig, sozio-ökonomisch Unterdrückte ist die infrastrukturelle Gestalt des Unterdrückungsprozesses. Die anderen Typen stellen superstrukturelle Ausdrucksformen der Unterdrückung dar, und diese sind als solche zutiefst durch den infra-struktruellen Typus bedingt. Eines ist ein schwarzer Taxifahrer, etwas anderes ist ein Schwarzer als Fußballidol. Ebenso ist eine Frau als Hausangestellte etwas anderes denn eine Frau als First Lady der Nation. Eines ist ein Indianer, den man seines Landes beraubt hat, und ein anderes ein Indianer, der Herr seines Grundes und Bodens ist.

Dies läßt uns verstehen, warum in einer Klassengesellschaft die Klassenkämpfe – die einfach eine Tatsache sind und die, ethisch gesehen, das Vorhandensein der von Gott und der Kirche verurteilten Ungerechtigkeit anzeigen – die hauptsächlichen Kämpfe sind. Sie lassen antagonistische Gruppen aufeinandertreffen, deren wesentliche Interessen unversöhnlich sind. Während sich der Patron (der Ausbeuter) und der Arbeiter (der Ausgebeutete) niemals endgültig werden versöhnen können, kann dies jedoch durchaus der Schwarze mit dem Weißen, der Indianer mit dem »Zivilisierten«, die Frau mit dem Mann. Bei ihnen handelt es sich nämlich um nichtantagonistische Widersprüche, die sich in unseren Gesellschaften mit und über dem antagonistischen Grundwiderspruch, dem Klassenkonflikt, bilden.

Umgekehrt muß man feststellen, daß die Unterdrückungen nichtökonomischen Typs die schon vorher bestehende sozio-ökonomische Unterdrückung noch verschlimmern. Ein Armer ist um so mehr unterdrückt, als er, über sein Armsein hinaus, auch noch Schwarzer, Indianer, Frau oder alter Mensch ist.

bb) Der Arme als »Erniedrigter und Beleidigter« im Empfinden des Volkes. – Zweifellos ist, wenn man die Situation des Armen und jedweder Art von Unterdrückten kritisch verstehen will, die sozio-analytische Vermittlung wichtig. Doch lernt sie aus der Unterdrückung nur das, was ein Zugang wissenschaftlichen Typs aus ihr lernen kann. Ein solcher Zugang hat aber seine Grenzen, die eben die Grenzen der positiven Rationalität sind. Diese erfaßt nur (und das ist schon viel) die grundlegende und weiteste Struktur der Unterdrückung, sie läßt dagegen alle Schattierungen, die nur die direkte Erfahrung und das alltägliche Erleben wahrnehmen können, außer Betracht. Beim rationalen und wissenschaftlichen Verständnis von Unterdrückung zu verharren heißt, in den Rationalismus zu verfallen und mehr als die Hälfte von der Realität des unterdrückten Volkes zu vernachlässigen.

In Wirklichkeit ist der Unterdrückte nämlich mehr, als der

Gesellschaftsanalytiker, also der Wirtschaftler, Soziologe, Anthropologe usw., über ihn zu sagen vermag. Man muß auch auf die Unterdrückten selbst hören. Tatsächlich »weiß« das Volk in seiner Volksweisheit mehr über die Armut als ein Wirtschaftswissenschaftler. Besser gesagt: es weiß es auf andere Weise und in größerer Dichte.

So könnte man fragen: Was heißt »Arbeit« für die Volksweisheit, und was heißt sie für einen Wirtschaftswissenschaftler? Für diesen ist sie zumeist eine schlichte Kategorie oder ein statistisches Kalkül, während »Arbeit« für das Volk Drama, Not, Würde, Sicherheit, Ausbeutung, Erschöpfung, Leben – kurz: eine ganze Reihe von komplexen und gelegentlich widersprüchlichen Wahrnehmungen bedeutet. In gleicher Weise kann man fragen: Was stellt die Erde für einen Kleinbauern oder Landarbeiter dar, und was ist sie für einen Soziologen? Für jenen ist die Erde viel mehr als eine ökonomische und soziale Realität. Sie ist eine menschliche Größe von einer tief gefühlsmäßigen, ja geradezu mystischen Bedeutung. Und das gilt noch viel mehr für den Ureinwohner unseres Kontinents.

Schließlich: Wenn das Volk »Armer« sagt, sagt es: Abhängigkeit, Schwäche, Schutzlosigkeit, Namenlosigkeit, Verachtung und Erniedrigung. Darum können sich die Armen nicht daran gewöhnen, daß man sie »Arme« nennt; ihr Gefühl für Ehre und Würde macht es ihnen unmöglich. Es sind die Nichtarmen, die sie »Arme« nennen. Eine arme Frau aus einer armen Stadt im Landesinneren von Pernambuco – aus Tacaimbó – hörte einmal, wie man sie »Arme« nannte. Da sagte sie: »Arm? Nein! Arm sind die Hunde. *Wir* sind mittellos, aber wir kämpfen.«

Aus all dem folgt, daß der Befreiungstheologe im Kontakt mit dem Volk sich nicht mit sozialen Analysen zufriedengeben darf, sondern die ganze reiche Deutung, die die Armen von ihrer Welt geben, erfassen und so die notwendige sozioanalytische Vermittlung mit dem unverzichtbaren Verständnis der Volksweisheit verknüpfen muß.

cc) Der Arme als entstelltes Kind Gottes. – In christlicher Sicht ist also der Arme all dies und noch viel mehr. Der Glaube sieht im Armen und in jedwedem Unterdrückten das, was die Theologie der Befreiung gerade ausdrücklich zu machen sucht (und damit greifen wir schon der hermeneutischen Vermittlung vor):

das entstellte Bild Gottes; das Kind Gottes, das zum leidenden und verworfenen Gottesknecht wurde; das Erinnerungszeugnis für den armen und verfolgten Nazarener; das Sakrament des Herrn und Richters der Geschichte.

Auf diese Weise erweitert sich die Vorstellung vom Armen, ohne etwas von ihrem konkreten Inhalt zu verlieren, unendlich, denn sie öffnet sich fürs Unendliche. Woraus klar hervorgeht, daß für den Glauben und die Sendung der Kirche der Arme nicht lediglich ein Wesen mit Bedürfnissen und ein Erzeuger, auch nicht bloß ein sozial Unterdrückter und ein geschichtlich Handelnder ist. Er ist das alles und noch mehr: Er ist auch der Träger eines »evangelisatorischen Potentials« (Puebla, Nr. 1147) und ein Mensch, der zum ewigen Leben berufen ist.

2. Hermeneutische Vermittlung

Nachdem die reale Lage des Unterdrücken einmal begriffen ist, muß sich der Theologe fragen: Was sagt das Wort Gottes dazu? Dies ist das zweite Moment der theologischen Konstruktion – ihr spezifisches Moment, durch das ein Diskurs *formal* zum theologischen Diskurs wird.

Es geht folglich darum, auf diesem Niveau den Prozeß von Unterdrückung und Befreiung »im Licht des Glaubens« zu sehen. Was heißt das? Der Ausdruck bezeichnet nichts Vages oder Allgemeines. »Das Licht des Glaubens« ist vielmehr positiv in der Heiligen Schrift enthalten. Und darum ist es dasselbe, ob man »im Licht des Glaubens« oder »im Licht des Wortes Gottes« sagt.

Und so tritt der Befreiungstheologe an die Schrift heran, indem er die ganze Problematik, den Schmerz und die Hoffnung der Unterdrückten mitbringt. Beim göttlichen Wort sucht er Licht und Inspiration. So vollzieht sich also eine neue Lesart der Bibel: die Hermeneutik der Befreiung.

a) Die Bibel der Armen. – Die Gesamtheit der Heiligen Schrift aus der Optik der Unterdrückten zu befragen – das ist die spezifische Hermeneutik oder Lesart der Theologie der Befreiung.

Sagen wir gleich, daß dies nicht die einzig mögliche und legitime Lesart der Bibel ist. Aber für uns heute in der Dritten Welt ist sie die bevorzugte, die »epochale Hermeneutik«. Inmitten der großen biblischen Offenbarung hebt sie die in der Perspektive der Armen erhellendsten und sprechendsten Themen heraus: Gott, den Vater des Lebens und Anwalt der Unterdrückten, die Befreiung aus dem Sklavenhause, die Verheißung der neuen Welt, das Reich, das den Armen gegeben wird, die Kirche der vollkommenen Gemeinschaft usw. Die Hermeneutik der Befreiung betont all diese Punkte, ohne sie ausschließlich zu nehmen. Sie sind nicht die (an sich) wichtigsten, sondern die (für die Armen in ihrer Unterdrückungssituation) relevantesten Themen. Im übrigen prägt die Rangfolge dessen, was (an sich) wichtig ist, die Rangfolge des Relevanten.

Die Armen sind also mehr als schlicht und einfach Arme, wie wir gesehen haben. Sie suchen Leben und »Leben in Fülle« (Joh 10,10). Daher verbinden sich die relevanten bzw. drängenden Fragen der Armen mit den transzendentalen Fragen: Umkehr, Gnade, Auferstehung.

In der Tat befragt die Hermeneutik der Befreiung das Wort, ohne der göttlichen Antwort ideologisch zuvorzukommen. Da sie Theologie ist, wird diese Hermeneutik im Glauben betrieben, das heißt in der Offenheit für die immer neue und immer überraschende Offenbarung Gottes, für die unerhörte Botschaft, die retten oder verdammen kann.

Ebendarum kann die Antwort des Wortes die Frage selbst und sogar den Fragesteller immer noch einmal in Frage stellen, insofern sie ihn zur Bekehrung, zum Glauben und zum Einsatz für Gerechtigkeit ruft.

Es gibt also einen »hermeneutischen Zirkel« oder eine »wechselseitige Interpretation« zwischen dem Armen und dem Wort (Paul VI., Enzyklika »Evangelii nuntiandi«, Nr. 29). Indes ist nicht zu leugnen, daß in dieser Dialektik die Führungsrolle dem souveränen Wort Gottes zukommt. Es hat den Primat dem Werte, wenn auch nicht notwendigerweise der Methode nach. Andererseits wissen wir kraft des in sich befreienden Gehalts der biblischen Offenbarung, daß das Wort dem Armen nur als Botschaft radikaler Tröstung und Befreiung klingen kann.

b) Merkmale der theologisch-befreienden Hermeneutik. – Die Neulesung der Bibel, die von den Armen und von ihrem Befreiungsprojekt her geschieht, ist durch folgende Merkmale charakterisiert:

1. Sie ist eine Hermeneutik, die das Moment der Anwendung gegenüber dem der Erklärung höher bewertet. Damit tut die Theologie der Befreiung übrigens nichts anderes, als wiederzuentdecken, was seit jeher die Aufgabe einer gesunden Bibellektüre war, wie man beispielsweise bei den Kirchenvätern sehen kann – jene Aufgabe, die lange Zeit hindurch zugunsten einer rationalistischen Exegese, die den Textsinn an sich ausgrub, vernachlässigt worden ist.

Die Befreiungs-Hermeneutik liest die Bibel als ein Buch vom Leben und nicht als ein Buch voll merkwürdiger Geschichten. Gewiß sucht sie in ihr den *textlichen* Sinn, aber immer in seinem Bezug zum *aktuellen* Sinn. Dabei kommt es nicht so sehr darauf an, den Text der Schrift zu interpretieren, sondern vielmehr darauf, das Buch des Lebens »gemäß der Schrift« zu interpretieren. Zusammenfassend kann man sagen: Die neue/alte Bibeldeutung kommt an ihr Ziel im heutigen Erleben des gestrigen Sinnes. Und damit sind wir beim zweiten Merkmal.

2. Die Befreiungs-Hermeneutik sucht die *umgestaltende*

Kraft der biblischen Texte zu entdecken und neu zur Wirkung zu bringen. Letztlich geht es darum, eine Interpretation zu schaffen, die zur Veränderung der Person (Bekehrung) und der Geschichte (Revolution) führt. Eine solche Lesart ist nicht ideologisch vorgefaßt, denn die biblische Religion ist dank ihrem messianischen und eschatologischen Charakter offen und dynamisch. Schon Ernst Bloch bekannte: »Schwerlich läßt sich eine Revolution ohne die Bibel machen.«

3. Schließlich betont die theologisch-politische Neulesung der Bibel den *sozialen Kontext* der Botschaft, ohne indes dabei irgend etwas zu verkürzen. Sie stellt jeden Text in seinen historischen Kontext und gibt so eine angemessene, nicht einfach wörtliche Übersetzung innerhalb unseres eigenen historischen Kontextes. So unterstreicht zum Beispiel die Hermeneutik der Befreiung (ohne daß sie ihn ausschließlich setzte) den sozialen Kontext von Unterdrückung, in dem Jesus lebte, und den ganz klar politischen Kontext seines Todes am Kreuz. Es liegt auf der Hand, daß der biblische Text, wenn man ihn so gewichtet, eine besondere Relevanz im Unterdrückungskontext der Dritten Welt gewinnt, in dem die befreiende Evangelisierung unmittelbare und schwerwiegende politische Implikationen hat – was die lange Liste der Martyrer Lateinamerikas beweist.

c) Welche Bücher der Bibel bevorzugt die Theologie der Befreiung? – Gewiß muß die Theologie die gesamte Bibel berücksichtigen. Und doch sind die hermeneutischen Präferenzen unvermeidlich, ja notwendig, wie uns die Liturgie und das Handwerk der Predigt lehren. Was die Theologie der Befreiung auf ihren drei Ebenen – der professionellen, der pastoralen, aber insbesondere der populären – angeht, so sind die zweifellos am meisten geschätzten Bücher folgende:

das Buch *Exodus,* denn es entwickelt das Geschehen der politisch-religiösen Befreiung einer Masse von Sklaven, die kraft des göttlichen Bundes zum Volk Gottes wird;

die *Propheten,* die unnachsichtig Gott den Befreier vertreten, nachdrücklich die Ungerechtigkeit anklagen, die Rechte der Kleinen einfordern und die messianische Welt ansagen;

die *Evangelien,* denn in ihrem Zentrum steht die göttliche Person Jesu mit seiner Botschaft vom Reich, mit seiner befreienden Praxis, mit seinem Tod und seiner Auferstehung – dem absoluten Sinn der Geschichte;

die *Apostelgeschichte,* denn sie zeichnet das Ideal einer freien und befreienden christlichen Gemeinschaft;

die *Apokalypse,* weil sie in kollektiver und symbolischer Sprache den gewaltigen Kampf des verfolgten Volkes Gottes gegen alle Untiere der Gesellschaft beschreibt.

Es gibt Orte, an denen andere Bücher bevorzugt werden, wie etwa die *Weisheitsbücher,* weil sie den Gehalt an göttlicher Offenbarung, den die Volksweisheit (in Sprichwörtern, Geschichten usw.) in sich birgt, neu sichtbar machen. Und in Mittelamerika geschah folgendes: Zunächst meditierten die Gemeinden die *Makkabäerbücher,* um im Kontext eines (übrigens von ihren Hirten legitimierten!) bewaffneten Aufstandes ihren Glauben zu festigen; als der Krieg beendet war und die friedliche Arbeit am Wiederaufbau des Landes begann, gingen sie zur systematischen Lektüre der Bücher *Esra* und *Nehemia* über, weil diese die Wiederherstellungsbemühungen des Volkes Gottes nach der Krisenzeit der babylonischen Gefangenschaft zeichnen.

Es ist müßig, hier eigens zu sagen, daß jedwedes biblische Buch mit christologischem Schlüssel gelesen werden muß, das heißt vom höchsten Punkt der Offenbarung her, wie er sich in den Evangelien findet. So erhält die Optik des Armen ihren Platz im Rahmen einer größeren Optik – der des Herrn der Geschichte – und gewinnt von daher ihre ganze Stimmigkeit und Kraft.

d) Wiedergewinnung der großen christlichen Tradition in der Perspektive der Befreiung. – Die Theologie der Befreiung weiß sehr wohl, daß sie eine neue Theologie ist – der augenblicklichen historischen Epoche gleichzeitig und den großen Bevölkerungsmehrheiten in der Dritten Welt, seien sie christlich oder nichtchristlich, angemessen.

Dennoch versteht sie es, ein Band grundlegender Kontinuität zur lebendigen Glaubenstradition des Gottesvolkes festzuhalten. Darum befragt sie die Vergangenheit, in der Absicht, aus ihr und mit ihr sich selbst anzureichern. Gegenüber der theologischen Tradition nimmt die Theologie der Befreiung also eine zweifache Haltung ein:

eine *kritische,* die die Grenzen und Mängel der theologischen Arbeiten der Vergangenheit kennt, den zu einem guten Teil unvermeidlichen Tribut, der jeder Epoche gezahlt werden muß. In der scholastischen Theologie des 11. bis 14. Jahrhunderts zum Beispiel findet sich neben ihrem unbestreitbaren Beitrag zur genauen und systematischen Darstellung der christlichen Wahrheit eine nicht minder unleugbare Tendenz zum Theoretisieren und zur Entgeschichtlichung der Welt in einer statischen Sicht der Dinge, die ein ganz geringes Gespür für die soziale Frage des Armen und seiner historischen Befreiung verrät. Der klassischen Spiritualität begegnet die Theologie der Befreiung mit dem Versuch, ihre ungeschichtliche Innerlichkeit, ihre elitäre Einstellung und ihren mangelnden Sinn für die Gegenwart des Herrn in den befreienden gesellschaftlichen Prozessen zu überwinden;

die *einlösende* Haltung verleibt sich goldhaltige theologische Adern ein, die in Vergessenheit geraten waren und die uns reicher machen, ja durchaus auch in Frage stellen können. So können wir einiges von der patristischen Theologie des 2. bis 9. Jahrhunderts integrieren: die tief der Einheit verpflichtete Vorstellung von der Heilsgeschichte, das Gespür für die sozialen Forderungen des Evangeliums, den Blick für die prophetische Dimension der Sendung der Kirche, die Sensibilität für die Armen.

Inspirierend sind für die Theologie der Befreiung auch die einzigartigen evangeliumsgemäßen Erfahrungen so vieler Heiliger und Propheten, von denen viele der Häresie beschuldigt wurden, deren befreiende Bedeutung wir aber heute klar erkennen. Das gilt für Franz von Assisi, Savonarola, Meister Eckhart, Katharina von Siena, Bartolomé de Las Casas und, in neuerer Zeit, für die Patres Hidalgo und Morelos, aber auch für Padre Cícero, nicht zu vergessen den kostbaren Beitrag der mittelalterlichen Armuts- und Reformbewegungen sowie die evangelisch gesinnten Forderungen der großen Reformatoren.

e) Wie die Theologie der Befreiung zur Soziallehre der Kirche steht. – Auch zur Soziallehre der Kirche unterhält die Theologie der Befreiung eine offene und positive Beziehung. Man muß sagen, daß die Theologie der Befreiung sich nicht als eine mit der Lehre des kirchlichen Lehramts konkurrierende Konzeption versteht. Sie könnte es auch gar nicht, denn es handelt sich bei beiden um verschiedene Ebenen und Kompetenzen.

Doch in dem Maß, in dem die Soziallehre der Kirche die großen Orientierungen für das gesellschaftliche Handeln der Christen setzt, versucht die Theologie der Befreiung, einerseits diese Orientierungen in ihre Synthese *einzubringen* und andererseits sie auf kreative Weise für den konkreten Kontext der Dritten Welt zu *entfalten*.

Diese Integrations- und Entfaltungstätigkeit gründet sich auf den dynamischen und offenen Charakter der kirchlichen Soziallehre (vgl. Puebla, Nr. 473 und 539). Die Theologie der Befreiung hört bei ihrem Tun den ausdrücklichen Aufruf des Lehramts selbst, den Paul VI. in seiner Enzyklika »Octogesima adveniens« von 1971 ergehen ließ: »Ein für alle gültiges Wort zu sagen oder allerorts passende Lösungen vorzuschlagen, ... ist weder Unsere Absicht noch Unsere Aufgabe. Das ist vielmehr Sache der einzelnen christlichen Gemeinschaften; sie müssen die Verhältnisse ihres jeweiligen Landes objektiv abklären, müssen mit dem Licht der unwandelbaren Lehre des Evangeliums hineinleuchten und ... darüber ... befinden, welche Schritte zu tun und welche Maßnahmen zu ergreifen sind, um die gesellschaftlichen ... Reformen herbeizuführen...« (Nr. 4, vgl. Nr. 42 und 48).

Damit sind genau jene drei Momente der befreiungstheologischen Arbeit genannt, durch die all das, was an der kirchlichen Lehre weniger konkret war, zu größerer Konkretion gelangt.

Paul VI. hat über die kirchliche Soziallehre gesagt, sie beschränke sich nicht darauf, »einige allgemeine Grundsätze in Erinnerung zu rufen. Nein, sie entfaltet sich durch Überlegung und Forschung in ständiger Anwendung auf den ständigen Wechsel der Dinge dieser Welt« (Octogesima adveniens, Nr. 42). In dem Maße, in dem die Theologie der Befreiung dieser Ermunterung entspricht, steht sie voll auf der Linie der Erfordernisse der kirchlichen Soziallehre. Und so sehen sie auch die Hirten, wenn sie sie in Form der pastoralen Theologie der Befreiung aufnehmen und/oder verarbeiten.

Im übrigen betrachtet selbst Kardinal Joseph Ratzinger in der Instruktion über die Theologie der Befreiung die Soziallehre der Kirche als eine Art »Prä-Theologie der Befreiung« oder als einen Typ von »pastoraler Theologie der Befreiung«, insofern sie Sorge trägt, »der Herausforderung zu antworten, die Unterdrückung und Hunger an unsere Zeit richten« (V. 1).

Die Schlußfolgerung aus alldem kann nur lauten: Es gibt keine grundsätzliche Unverträglichkeit zwischen der Soziallehre der Kirche und der Theologie der Befreiung. Beide ergänzen einander zum Wohl des Gottesvolkes.

f) Die kreative Arbeit der Theologie. – Ausgerüstet mit seinen eigenen Vermittlungen und mit dem ganzen Material, das er gesammelt hat, macht sich der Befreiungstheologe daran, wirklich neue Synthesen des Glaubens zu konstruieren und für die großen Herausforderungen von heute neue theoretische Formulierungen zu schaffen.

Der Befreiungstheologe häuft also nicht bloß theologische

Materialien auf, sondern ist ein wirklicher Architekt. Dazu wappnet er sich mit der notwendigen theoretischen Kühnheit und mit einer guten Dosis schöpferischer Phantasie, damit er den noch kaum bekannten Problemen, die aus den unterdrückten Kontinenten andringen, zu begegnen vermag.

Indem er die befreienden Inhalte des Glaubens herausarbeitet und entfaltet, sucht er eine neue Fassung des christlichen Mysteriums zu verwirklichen; so hilft er der Kirche, ihren Auftrag zu einer befreienden Verkündigung des Evangeliums in der Geschichte zu erfüllen.

3. Praktische Vermittlung

Die Theologie der Befreiung ist alles andere als eine nicht schlüssige Theologie. Sie geht vom Handeln aus und führt zum Handeln hin, und dieser Rundgang ist ganz getränkt und eingehüllt von der Atmosphäre des Glaubens. Von der Analyse der Realität des Unterdrückten schreitet sie durch das Wort Gottes, um schließlich zur konkreten Praxis zu gelangen. Die »Wendung zum Handeln« ist charakteristisch für diese Theologie. Darum versteht sie sich als streitbare, engagierte und befreiende Theologie.

Sie ist eine Theologie, die auf den Marktplatz führt, denn die *zeitgenössische Form* des Glaubens heute in der Welt der Enterbten ist die »politische Liebe« oder die »Makrocaritas«. In der Dritten Welt, unter den Letzten der Letzten, ist der Glaube *auch* und *vor allem* politisch.

Dennoch läßt sich der Glaube nicht aufs Handeln reduzieren, sei es auch befreiendes Handeln. Er ist »immer größer« und umfaßt auch Momente der Kontemplation und tiefer Ungeschuldetheit. Die Theologie der Befreiung führt also auch zum Heiligtum. Und vom Heiligtum aus führt sie den Glaubenden von neuem auf den Marktplatz der Geschichte, nunmehr beladen mit allen göttlichen und vergöttlichenden Kräften des Geheimnisses der Welt.

Es ist freilich wahr: Die Theologie der Befreiung führt heute auch und hauptsächlich zum Handeln, und dieses ist

Handeln für die Gerechtigkeit, Werk der Liebe, Bekehrung, Erneuerung der Kirche, Umgestaltung der Gesellschaft.

a) Wer artikuliert den Diskurs über das Handeln? – Die Logik des dritten Moments – der praktischen Vermittlung – hat ihre eigene innere Gesetzlichkeit. Natürlich hängt der Grad der Bestimmtheit des Handelns von der theologischen Ebene ab, auf der jemand steht, sei es die professionelle, pastorale oder populare.

So kann ein Berufstheologe nur die großen Perspektiven für das Handeln eröffnen. Ein Theologe und Hirt kann schon bestimmter sein, was die Richtlinien für das Wirken angeht. Ein popularer Theologe aber hat die Voraussetzungen, ein Feld ziemlich genauer praktischer Konkretisierung zu betreten. Selbstverständlich kann auf den beiden letzten Ebenen – der pastoralen und der popularen – die Bestimmung dessen, was zu tun ist, nur das gemeinsame Werk all derer sein, die von der fraglichen Sache betroffen sind.

b) Wie ist das Moment des Handelns ausgestattet? – Die Logik des Handelns ist höchst komplex. Sie schließt viele Schritte ein, so die rationale und kluge Einschätzung aller Umstände und die Vorausschau auf die Konsequenzen des Handelns.

Jedenfalls können wir hier festhalten, daß das Handeln unter vielen anderen folgende Elemente einschließt, die zu beachten sind:

die Bestimmung dessen, was *historisch gangbar* ist, des nächsten möglichen Schrittes also, anhand der Analyse der existierenden Kräfte, wobei aber auch der Widerstand und die Gegenwehr jener, die den Status quo in Kirche und Gesellschaft aufrechtzuerhalten wünschen, nicht vernachlässigt werden darf (ansonsten bliebe man im Bereich der bloßen Utopie oder der »frommen Absichten«);

die Bestimmung der *Strategien* und der *Taktiken,* wobei die gewaltfreien Methoden – Dialog, Überzeugungsarbeit, moralischer Druck, gewaltloser Widerstand, vom Evangelium inspirierte Auflehnung – und alle anderen Kampfmittel, die die Ethik des Evangeliums erlaubt – Märsche, Streiks, Straßendemonstrationen –, bevorzugt werden, die letzte, äußerste Möglichkeit – der Aufruf zur Gewaltanwendung – jedoch nicht ausgeschlossen wird;

die Verbindung der *Mikroaktionen* mit dem *Makrosystem* zu dem Zweck, ihnen eine wirklich kritische und umgestaltende Ausrichtung zu geben und zu erhalten;

die Verknüpfung des Handelns des Volkes Gottes mit dem Handeln *anderer historischer Kräfte,* die es in der Gesellschaft gibt;

die *ethische* und *evangelische* Bewertung der aufgestellten Ziele und empfohlenen Mittel;

den (performativen) *Diskurs über das Handeln,* der das Volk aufrichtet und es zum Kämpfen bringt und so als Brücke zwischen der Entscheidung und der Durchführung dient.

In diesem dritten Moment vollzieht sich mehr Wissen in der Praxis als in der Theorie. Das heißt, es ist leichter, dieses Moment zu leben, als es zu denken. Darum haben hier die Weisheit und die Klugheit mehr Einfluß als die analytische Vernunft. Und darin sind die einfachen Leute den Gelehrten oft überlegen.

c) Veranschaulichung: wie man eine »Theologie von Grund und Boden« macht. – Nachdem wir die Methode der Theologie der Befreiung vorgestellt haben, ist es an der Zeit, eine schematische Verdeutlichung dafür zu geben, wie die drei Momente mit ihren spezifischen Gesetzlichkeiten in der Theologie der Befreiung wirksam werden. Wir wählen dazu nicht ohne Bedacht das Thema »Grund und Boden«. Je nach dem Grad ihrer Entfaltung auf den drei verschiedenen Ebenen – der popularen, der pastoralen und der professionellen – könnte man die Schritte einer »Theologie von Grund und Boden« folgendermaßen schematisieren:

Schritt null: Anteilnahme
Man ist durch die konkrete Problematik von Grund und Boden betroffen, da man in ländlichen Kirchlichen Basisgemeinden mitarbeitet, in den Kleinbauerngewerkschaften mitkämpft, bei der Hilfe auf Gegenseitigkeit oder anderen Arbeiten auf dem Lande mitmacht oder an den Kämpfen der Landarbeiter teilnimmt usw.

Schritt eins: sozio-analytische Vermittlung (Sehen)
Man analysiert die Situation von Grund und Boden in dem Land oder an dem Ort, wo man arbeitet.

Man registriert die Kämpfe der Kleinbauern und Landarbeiter der Gegend.

Man sieht, wie das Volk seine Probleme erlebt, wie es der Unterdrückung Widerstand leistet und seine Kämpfe organisiert.

Schritt zwei: hermeneutische Vermittlung (Urteilen)
Wie das Volk die Frage von Grund und Boden von seiner Religion und von seinem Glauben aus angeht.

Wie die Bibel das Land betrachtet: Geschenk Gottes, Verheißung eines neuen Landes, Symbol für das endgültige Reich.

Wie die theologische Tradition, insbesondere bei den Vätern, das Problem sieht: Grund und Boden sind für die Gemeinschaft bestimmt und haben keinen Warencharakter.

Schritt drei: praktische Vermittlung (Handeln)
Der Wert von Zusammenschluß und Organisation der arbeitenden Bevölkerung: Gewerkschaften, gegenseitige Hilfeleistungen, gemeinschaftliche Pflanzungen, Genossenschaften und andere Bewegungen (derer, die keinen Grundbesitz haben) usw.

Die Notwendigkeit einer Agrarreform, die durch die auf dem Lande arbeitende Bevölkerung getragen und vorangetrieben wird.

Die Wahl der konkreten Unternehmungen im Kampf, die Verbindung mit anderen Kräften, der Vorausblick auf eventuelle Folgen, die mögliche Aufgabenverteilung usw.

Eine vorzügliche pastorale Theologie der Befreiung über das Thema von Grund und Boden bietet das Dokument der brasilianischen Bischofskonferenz mit dem Titel »Igreja e Problemas da Terra« [Die Kirche und die Probleme um Grund und Boden] (1980).

IV. Schlüsselthemen der Theologie der Befreiung

Zu welchen allgemeinen Ergebnissen ist nun die Theologie der Befreiung durch Anwendung der im vorausgegangenen Kapitel beschriebenen Methode gelangt? Wir wollen in knapper Form einige Schlüsselthemen vorführen, die den Inhalt, die Perspektiven und die Intuitionen dieser Weise, zu denken und im Licht des Glaubens zu handeln, ausmachen. Erneut weisen wir nachdrücklich darauf hin, daß es nicht um einen anderen Glauben geht, sondern um den Glauben der Apostel und der Kirche, der sich mit den Ängsten und Befreiungshoffnungen der Unterdrückten verbindet. Welche befreiende Kraft erwächst aus dem christlichen Glauben, dem Glauben, der das ewige Leben, aber auch ein würdiges und gerechtes irdisches Leben verheißt? Welches Bild von Gott entsteht, wenn man von den Kämpfen der Unterdrückten um ihre Befreiung ausgeht? Welche Züge am Geheimnis Christi werden besonders bedeutsam? Welche Akzente setzt das Volk in seiner marianischen Frömmigkeit? Wir wollen damit beginnen, daß wir den Horizont besser definieren, das heißt die Perspektive, die den Zugang zu all diesen Themen charakterisiert: die Perspektive des Armen und seiner Befreiung.

Sich mit dem Armen zu solidarisieren heißt Gott verehren und Gemeinschaft haben mit Christus

Wir können die Theologie der Befreiung als jene Glaubensreflexion der Kirche verstehen, die Ernst gemacht hat mit der vorrangigen und solidarischen Option für die Armen. Von ihnen ausgehend und mit ihnen zusammen will die Kirche befreiend wirken. Diese Entscheidung entspringt nicht berechnender Politik einer Institution Kirche, die sich auf diese

Weise auf die Seite der neu auftretenden historischen Kraft – der für den Gang der Geschichte immer entscheidender werdenden Volksklassen – schlüge. Die Kirche handelt vielmehr vermöge eigener Motivationen, die dem christlichen Glauben selbst innewohnen. Wir wollen sie uns der Reihe nach vornehmen.

Theologische Motivationen der Option für die Armen

Theo-logische Motivation (von Gott her): Der biblische Gott ist ganz grundlegend ein lebendiger Gott, der Urheber und Schützer allen Lebens. Immer wenn jemand sein Leben bedroht sieht und vor der Zeit sterben soll, kann er auf die Gegenwart und Macht Gottes zählen, der ihm in irgendeiner Weise zu Hilfe kommt. Kraft seines eigenen Wesens weiß sich Gott angetrieben, dem notleidenden Armen zu Hilfe zu eilen (vgl. Ex 3,7–9). Der Kult, der Gott wohlgefällt, muß begleitet sein von Gerechtigkeit und Hinkehr zum Bedürftigen und Unterdrückten (vgl. Jes 1,10–17; 58,6 f.; Mk 7,6–13). Wenn sich die Kirche für die Armen entscheidet, handelt sie wie der Vater, der im Himmel ist (vgl. Mt 5,48).

Christologische Motivation (von Christus her): Christus selbst hat unleugbar eine persönliche Option für die Armen getroffen und sie als die ersten Adressaten seiner Botschaft betrachtet (vgl. Lk 6,20; 7,21 f.). Er erfüllt das Gesetz jener Liebe, die sich gleich dem barmherzigen Samariter den Gefallenen auf der Straße zuwendet (vgl. Lk 10,25–37) und die den Fernstehenden zum Nächsten und den Nächsten zum Bruder macht. Für die Jünger Jesu, die die Kirche bilden, wird diese Option in der Situation einer allgemein verbreiteten Armut zur vorrangigen Weise, den Glauben an Christus zu bekennen.

Eschatologische Motivation (vom Endgericht her): Jesus ist in seiner Frohbotschaft ganz eindeutig: Im höchsten Augenblick der Geschichte, wenn es um unser ewiges Heil oder unsere ewige Verdammnis geht, ist das, was wirklich zählt, unsere Haltung der Annahme oder Ablehnung gegenüber den Armen (vgl. Mt 25,31–46). Der höchste Richter selbst verbirgt sich hinter jedem Unterdrückten, und dieser gilt uns als einer der geringsten Brüder Jesu (vgl. Mt 25,40). Endgültige Gemeinschaft mit Christus hat allein der, der in der Geschichte wirklich Gemeinschaft mit den Sakramenten Christi – und das sind die Armen und Notleidenden – hatte.

Apostolische Motivation (von den Aposteln her): Von ihren ersten Anfängen an hat sich die Kirche um die Armen gekümmert. Die Apostel und ihre Nachfolger taten allen Besitz zusammen, so daß es unter ihnen keine Armen gab (vgl. Apg 2 und 4). Bei der Verkündigung des Evangeliums empfahlen sie, die Armen sollten nicht vergessen werden (vgl. Gal 2,10). Wie der größte Kirchenvater des Ostens, Johannes Chrysostomus, sagt: Hinsichtlich der Mission wurde die Welt in Heiden und Juden geteilt, doch hinsichtlich der Armen gibt es keinerlei Teilung, denn sie gehören zur einen Sendung der Kirche, der des Petrus (Juden) ebenso wie der des Paulus (Heiden).

Ekklesiologische Motivation (von der Kirche her): Angesichts der Marginalisierung und Verarmung der großen Bevölkerungsmehrheiten in Lateinamerika hat die Kirche des Kontinents, getrieben durch die bereits genannten Beweggründe und bewegt durch tief menschlich empfundenes Mitleiden, eine feierliche vorrangige Option für die Armen getroffen; sie ist 1968 in Medellín aufgekeimt und 1979 in Puebla bestätigt worden. Die Beschöfe erkannten »die Notwendigkeit der Umkehr der gesamten Kirche im Sinne einer vorrangigen Option für die Armen mit Blickrichtung auf deren umfassende Befreiung« (Puebla, Nr. 1134).

Ausgehend von den Sehnsüchten und Kämpfen der Armen, bemüht sich die Kirche darum, in ihrer Evangelisierung die Akzente so zu setzen, daß alle sich gedrängt fühlen, ihren Glauben auch (nicht ausschließlich) als Faktor der Umgestaltung der Gesellschaft in Richtung auf mehr Gerechtigkeit und Brüderlichkeit zu leben. Alle müssen eine Option für die

Armen treffen: Die Reichen sollten sich großzügig und rückhaltlos für die realen Armen und die Armen sollten sich für andere Arme oder für die Ärmsten der Armen entscheiden.

Wer sind eigentlich die Armen?

Diese Frage ist schon oft gestellt worden, und zwar gerade von jenen, die sich nicht zu den Armen zählen. Sie laufen ständig Gefahr, so viele Definitionen und Unterscheidungen von Armut und Reichtum einzuführen, daß das Problem schließlich völlig verpufft und sie selbst noch eine Art von Armen darstellen. Wenn dagegen die wirklich Armen (denen es am Lebensunterhalt fehlt) die Problematik diskutieren, gelangen sie leicht zu objektiven Klärungen und zu konkreten Entwürfen im Blick auf ihre Befreiung aus der entmenschlichenden Armut.

Bei unseren Überlegungen über die Theologie der Befreiung unterscheiden wir grundsätzlich zwei Bedeutungen von »Arm«:

a) *Der Arme im sozio-ökonomischen Sinne*: Dieser Begriff umfaßt all jene, die bedürftig oder der zum Unterhalt notwendigen Mittel beraubt sind (Nahrung, Kleidung, Wohnung, Gesundheit, Elementarunterricht und Arbeit). Es kann eine unverschuldete Armut geben, die unabhängig vom konkreten Willen der Betroffenen ist (unfruchtbare Böden, chronische Trockenheiten usw.); heute jedoch wird diese Armut in den meisten Fällen durch das kapitalistische System aufrechterhalten, das die billige Arbeitskraft aus ihr bezieht; es verhindert, daß die betreffenden Gegenden und Bevölkerungsschichten sich entwickeln, indem es sie von der mindesten und notwendigen menschlichen Förderung ausschließt.

Es gibt ferner eine ungerechte sozio-ökonomische Armut, die durch einen Prozeß der Ausbeutung der Arbeit hervorgerufen wird, wie ihn Papst Johannes Paul II. in seiner Enzyklika über die Arbeit, »Laborem exercens«, Nr. 8, angeklagt hat. Der Arbeiter wird nicht nach Recht und Gerechtigkeit bezahlt, der Preis für die Rohstoffe wird gedrückt, die Zinsen für die Darlehen, die die Genossenschaften brauchen, sind verheerend. In diesem Fall bedeutet Armut Verarmung und stellt eine soziale Ungerechtigkeit von internationaler Reichweite dar.

Wie schon oben gesagt, gibt es andere Formen von Armut, die durch die sozio-ökonomische Situation bedingt sind, jedoch spezifischen Unterdrückungen samt ihren ebenfalls je eigenen Befreiungen Gestalt geben. Hier haben wir die *Diskriminierten* jeder Art – aus rassischen Gründen wie die Schwarzen, aus kulturellen Gründen wie die Ureinwohner, aus Gründen des Geschlechts wie die Frauen. Oftmals finden sich unter ihnen die Ärmsten der Armen, auf denen die ganze Skala von Unterdrückung und Diskriminierung lastet. In einer Basisgemeinde meldete sich eines Tages eine Frau zu Wort und berichtete, sie sei aufgrund von sechs verschiedenen Umständen unterdrückt und verarmt: weil sie Frau, Prostituierte, ledige Mutter, Schwarze, arm und leprös sei. Was kann angesichts einer solchen Lage Christsein anderes heißen, als den Glauben als Befreiung zu leben und alle Kräfte zur Überwindung derartiger sozialer Ungleichheiten zusammenzunehmen? Diesen Armen müssen wir verkünden, daß Gott sie bevorzugt liebt, ganz gleich, wie ihre moralische oder persönliche Situation aussehen mag (vgl. Puebla, Nr. 1142). Sie sind die Lieblinge Gottes und Christi, nicht weil sie gut wären, sondern weil sie arm sind und weil ihnen Unrecht geschieht. Gott will die Armut nicht, unter der sie leiden.

Diese Situation der Armut bedeutet eine Herausforderung für Gott selbst in seinem innersten Wesen und für den Messias in seiner Sendung, der gekommen ist, um das verletzte Recht wiederherzustellen, dem Hilflosen Gerechtigkeit widerfahren zu lassen und dem Verlassenen beizustehen.

b) *Der Arme im Sinn des Evangeliums*: Dieser Begriff meint all jene, die ihr Dasein und ihre Kraft in den Dienst Gottes und ihrer Brüder stellen; die nicht um sich selbst kreisen und den Sinn ihres Lebens und Arbeitens nicht darin sehen, diese Welt nur zu genießen und Güter, Titel, Ruhm und Ehre anzuhäufen, sondern sich dankbar Gott öffnen, uneigennützig den anderen – selbst ihren Feinden – dienen und Wege zu einem würdigeren Leben für alle ebnen. Entgegen einer gewalttätigen Konsumgesellschaft gebraucht der im Sinn des Evangeliums Arme die Güter dieser Welt mit Maß und teilt sie mit den anderen; er ist kein finsterer Asket, der die gute Schöpfung des Vaters mit ihren großartigen Dingen, die allen zur Verfügung stehen, verachtet, aber auch kein Verschwender, der aus egoistischer Genußsucht hemmungslos praßt. Im Sinne des Evangeliums arm ist jener, der sich Gott für die Verwirklichung seines Plans mit dieser Welt zur Verfügung stellt und dadurch zum Werkzeug und Zeichen des Gottesreiches wird. Darum zeigt sich der im Sinne des Evangeliums Arme solidarisch mit den Armen, ja, er identifiziert sich mit ihnen, wie es der historische Jesus getan hat.

Arm im evangelischen Sinne ist in hervorragendem Maße jener, der, auch wenn er selbst kein im sozio-ökonomischen Sinn Armer ist, aus Liebe und Solidarität mit den sozio-ökonomisch Armen einer von ihnen wird, um gemeinsam mit ihnen gegen die ungerechte Armut zu kämpfen und gemeinsam mit ihnen Befreiung und Gerechtigkeit zu suchen. Er preist weder die materielle Armut, denn sie ist das Resultat der Sünde der Ausbeutung, noch den Reichtum, in dem sich eine unterdrückerische und ausschließende Güteranhäufung manifestiert, sondern rühmt und sucht die soziale Gerechtigkeit für alle. Im Zusammenhang der Dritten Welt ist nicht arm im Sinne des Evangeliums, wer sich nicht mit dem Leben, der Sache und den Kämpfen der realen Armen und konkreten Unterdrückten solidarisch zeigt.

Die Liebe zum Armen kann so intensive Gestalt annehmen, daß manch einer sich mit den sozio-ökonomisch Armen und Diskriminierten identifiziert, indem er ihre Leiden teilt, sie tröstet und mit ihnen vor der Zeit stirbt. Dies ist die vollkommene Befreiung, denn in ihr hat der Mensch sich von sich selbst befreit, und in der Nachfolge Jesu, des Armen aus Nazaret, ist er vollständig frei geworden für die anderen und für Gott, der sich in ihnen verbirgt.

Der Theologie der Befreiung geht es darum, daß alle Christen, auch die sozio-historisch armen, zu Armen im Sinne des Evangeliums werden; sie bemüht sich, im Licht jener Herausforderungen, die von den konkreten Armen ausgehen, die befreiende Dimension des Glaubens zu bedenken und zu verlebendigen, damit schon in der Geschichte die Früchte des Gottesreiches antizipiert werden, deren wichtigste die Erkenntnis des Vaters, der Empfang der göttlichen Kindschaft, Leben und Gerechtigkeit für alle und weltumspannende Brüderlichkeit sind. Wir wollen nun sehen, wie innerhalb dieses Horizonts die klassischen Themen unseres Glaubens in einem befreienden Sinne Kontur gewinnen.

Einige Schlüsselthemen der Theologie der Befreiung

a) Der lebendige und wahre Glaube schließt eine befreiende Praxis ein. – Der Glaube ist der ursprüngliche Horizont für jede Theologie, auch für die Theologie der Befreiung. Durch den Glaubensakt übergeben wir unser ganzes Leben, unseren Weg in der Zeit und unseren Tod in die Hände Gottes. Im Licht des Glaubens erkennen wir, daß die göttliche Realität alle Dimensionen der Geschichte und der Welt durchdringt. Als Lebensweise ermöglicht der Glaube, zu unterscheiden, ob Gott im vielfältigen menschlichen Tun gegenwärtig ist oder ob er durch es geleugnet wird. Der lebendige Glaube fördert eine kontemplative Sicht der Welt.

Doch der Glaube muß auch wahr sein, denn der wahre Glaube ist unbedingt heilsnotwendig. Für die biblische Tradition genügt es indes nicht, daß der Glaube in seinem sprachlichen Ausdruck wahr (orthodox) ist, er muß sich auch bewähren, das heißt wahr sein insofern, als er von Liebe, Solidarität, Hunger und Durst nach der Gerechtigkeit beseelt ist. Treffend sagt der Jakobusbrief: »Der Glaube ohne Werke ist nutzlos« (Jak 2, 20), und einen reinen Glauben ohne Werke haben auch die Dämonen (vgl. Jak 2, 18 f.). Darum muß mit der Orthodoxie die Orthopraxie verbunden sein. Der lebendige und wahre Glaube läßt uns in der Klage des Unterdrückten die Stimme des eschatologischen Richters hören: »Ich war hungrig...« (Mt 25, 35). Derselbe Glaube befiehlt uns, auf diese Stimme zu hören und einen Akt der Befreiung zu setzen: »... und ihr habt mir zu essen gegeben« (ebd.). Ohne diese Praxis der Befreiung, die den Hunger stillt, bleibt der Glaube nur keimhaft und bringt keine Frucht: Der Bruder in Not wird ebensowenig geliebt wie Gott (vgl. 1 Joh 3, 17). Allein der Glaube, der die Liebe zu Gott und zum anderen hervorbringt, ist rettender und damit ganz und gar befreiender Glaube. Die Liebe aber verwirklicht sich nicht mit Wort und Zunge, sondern in Tat und Wahrheit (vgl. 1 Joh 3, 18).

Der Theologie der Befreiung kam es zu, die dem biblischen Glauben innewohnende praktische Dimension freizulegen; in einem Kontext von Unterdrückung muß diese Praxis befreiend sein.

b) *Der lebendige Gott, der für die Unterdrückten gegen den Pharao Partei ergreift.* – In einer Welt, in der der Tod durch Hunger und durch Repression alltäglich geworden ist, ist es wichtig, einige Züge am christlichen Gottesbild hervorzuheben, die direkt etwas zur Befreiungspraxis sagen. Gott ist immer Gott, und als solcher stellt er das Quellgeheimnis unseres Glaubens dar. Mit ihm können wir nicht scherzen, vor ihm müssen wir unser Angesicht verhüllen und unsere Schuhe ausziehen und ihn wie Mose barfuß anbeten (vgl. Ex 3, 5). Er ist nicht von der Größe, die in unsere Köpfe paßt, so klug sie auch sein mögen, denn »er wohnt in unzugänglichem Licht« (1 Tim 6, 16). Doch trotz seiner Transzendenz ist er kein schreckliches Mysterium, sondern voller Zärtlichkeit.

Gott ist dem Unterdrückten besonders nah, er hört sein Schreien und beschließt, ihn zu befreien (vgl. Ex 3,7 f.). Er ist wohl Vater aller Menschen, doch hauptsächlich ist er liebender Vater der Unterdrückten und ungerecht Beleidigten. Aus Liebe zu ihnen ergreift er Partei und widersetzt sich selbst den Zwangsmaßnahmen des Pharao. Gerade diese Parteilichkeit Gottes beweist die Universalität des Lebens und der Gerechtigkeit, die allen gewährleistet sein müssen, ausgehend von denen, denen sie verweigert werden; niemand hat das Recht, das Bild und Gleichnis Gottes, die menschliche Person, zu beleidigen. Gottes Ehre besteht darin, daß Mann und Frau leben, und Gottesdienst ist die Verwirklichung von Recht und Gerechtigkeit. Gott ist kein unbeteiligter Zuschauer beim Drama der Geschichte, in dessen Verlauf gewöhnlich die Mächtigen ihren Willen und ihre Gesetze durchsetzen. Die biblischen Schriftsteller stellen uns Jahwe oft als »go'el« vor, als den Fürsprecher der Schutzlosen, den Vater der Waisen und Anwalt der Witwen (vgl. Ps 68,6 f.; Jer 21 und 22; Ijob 19,25).

In der Grunderfahrung der Sklaverei in Ägypten haben die Menschen der Bibel die Sehnsucht nach Befreiung entwickelt und Jahwes Eintreten als Befreier bezeugt. Die Befreiung aus der ägyptischen Fron war ein politisches Ereignis, doch dieses diente als Grundlage für die religiöse Erfahrung einer vollen Befreiung – auch aus der Sklaverei der Sünde und des Todes. Die lateinamerikanischen Bischöfe haben in Medellín sehr schön gesagt: »So wie einstmals Israel, das erste Volk, die rettende Gegenwart Gottes erfuhr, als er es aus der Unterdrückung Ägyptens befreite, als er es das Meer durchschreiten ließ und es zum Land der Verheißung führte, so können auch wir, das neue Volk Gottes, nicht umhin, seinen rettenden Vorübergang zu spüren, wenn die wahre Entwicklung sich vollzieht, die für jeden einzelnen und für alle der Weg von weniger menschlichen zu menschlicheren Lebensbedingungen ist« (Einleitung zu den Entschließungen, Nr. 6).

Schließlich müssen wir auch festhalten, daß Gott Trinität der Personen ist: Vater, Sohn und Heiliger Geist. Untereinander verschieden, leben sie doch ewig in Beziehungen absoluter gegenseitiger Verwiesenheit und Gleichheit. Im Anfang ist nicht einfach die Einzigkeit einer göttlichen Natur gegeben, sondern die volle und vollkommene Gemeinschaft der drei ewigen Personen. Dieses Mysterium stellt den Prototyp dessen dar, was nach dem Willen des dreieinen Gottes die Gesellschaft sein soll: In der Bejahung und Respektierung der einzelnen Person sollen die Menschen so zusammenleben und -wirken, daß sie eine einzige Gesellschaft von Gleichgestellten und Brüdern bilden. Die Gesellschaft in ihrem heutigen Zustand, mit all ihren Spaltungen, Antagonismen und Ausgrenzungen, hat keine Erfahrungen zu bieten, die eine Begegnung mit dem Geheimnis der Heiligsten Dreifaltigkeit möglich machen. Damit sie das Bild und Gleichnis der Gemeinschaft der göttlichen Personen werden kann, bedarf sie der Umgestaltung.

c) Das Reich: das Projekt Gottes in der Geschichte und in der Ewigkeit. – Jesus Christus, die zweite Person der Dreifaltigkeit, die in unserem Elend Mensch geworden ist, hat den göttlichen Ratschluß geoffenbart, der sich in der Geschichte als Prozeß verwirklicht und die absolute Zukunft in der Ewigkeit begründet: das Reich Gottes. Reich ist nicht nur das Zukünftige, denn es ist schon mitten unter uns (vgl. Lk 17,21), und es stammt auch nicht von dieser Welt (vgl. Joh 18,36), wenn seine Verwirklichung auch hienieden beginnt. Reich bedeutet die vollständige und alles einbegreifende Befreiung der gesamten Schöpfung, die am Ende von allem, was sie niederdrückt, gereinigt und durch die volle Gegenwart Gottes umgestaltet wird. Kein theologischer und biblischer Begriff kommt der Idee der umfassenden Befreiung so nahe wie jener vom Reich Gottes. Treffend sagten die Bischöfe in Puebla – und dabei folgten sie der Linie von Papst Paul VI. –: »Wir haben es mit zwei einander ergänzenden und nicht voneinander zu trennenden Elementen zu tun: mit der Befreiung von jeglicher Art von Knechtschaft der Sünde des einzelnen und der Gesellschaft, von all dem, was den Menschen und die Gesellschaft zerreißt und seinen Ursprung im Egoismus, im Geheimnis des Bösen, hat, und mit der Befreiung für das fortschreitende Wachstum im Hinblick auf die Gemeinschaft mit Gott und den Menschen, deren Höhepunkt die vollkommene Gemeinschaft des Himmels ist, wo Gott alles in allen ist und es keine Tränen mehr gibt« (Puebla, Nr. 482; vgl. Evangelii nuntiandi, Nr. 9). Da das Reich absolut ist, umfaßt es alles, die Heilsgeschichte und die Profangeschichte, die Kirche und die Welt, die Menschen und den Kosmos. Das Reich ist unter verschiedenen Zeichen im sakralen wie im profanen Bereich stets gegenwärtig, wo immer die Menschen Gerechtigkeit verwirklichen, Brüderlichkeit suchen, einander vergeben und das Leben fördern. In der Kirche jedoch findet dieses Reich einen besonderen Ausdruck, da sie ja sein sichtbares Zeichen, sein bevorzugtes Werkzeug, seine Keimzelle und sein Beginn ist (vgl. Puebla, Nr. 227 f.), sofern sie nur das Evangelium lebt und Tag für Tag als Leib Christi auferbaut wird.

Dieser allgemeine Plan Gottes hilft uns, den Zusammenhang zu verstehen, der Schöpfung und Erlösung, Zeit und Ewigkeit eint. Das Reich Gottes ist mehr als die historischen Befreiungen, die ja immer begrenzt und für neuerliche Vervollkommnungen offen sind, in denen es sich aber doch vorwegereignet und zeitlich konkretisiert und so selbst seine volle Verwirklichung im Hereinbrechen des neuen Himmels und der neuen Erde vorbereitet.

d) Jesus, der Sohn Gottes, der die Unterdrückung auf sich nahm, um uns zu befreien. – Jesus ist Gott in unserem Elend, der ewige Sohn, der einen konkreten, geschichtlich datierten und gesellschaftlich situierten Juden angenommen hat. Die Menschwerdung des ewigen Wortes schließt ebenso die Annahme des menschlichen Lebens ein, wie sie auch durch die

Widersprüche, die auf die Sünde zurückgehen, geprägt wird – freilich nicht, um diese gutzuheißen, sondern um sie zu erlösen. Unter diesen Bedingungen wird der Logos »Knecht« und »gehorsam bis zum Tod am Kreuz« (vgl. Phil 2,6–11; Mk 10,45). Sein erstes Wort war die Kunde, daß das Vorhaben Gottes, das Reich, nahe sei und als Frohbotschaft bereits die Realität durchsäuere (vgl. Mk 1,14). Als er in der Synagoge von Nazaret sein Programm öffentlich vorstellt (Lk 4,16–21), greift er die Hoffnungen der Unterdrückten auf und ruft aus, sie seien soeben (»heute«) in Erfüllung gegangen. Der Messias ist mithin jener, der die Befreiung der konkreten Unglücklichen verwirklicht. Das Reich ist auch Befreiung von der Sünde (vgl. Lk 24,47; Apg 2,38; 5,31; 13,38), doch das darf nicht in einem verkürzenden, reduktionistischen Sinn interpretiert werden, der bedeuten würde, der Predigt Jesu ihre infrastrukturelle Dimension zu nehmen, die die Evangelien so sehr unterstreichen.

Das Reich bleibt nicht einfach eine unerhörte Hoffnung, in der Praxis Jesu nimmt es vielmehr bereits Gestalt an. Seine Wunder und Heilungen sind weit mehr als Demonstrationen seiner Göttlichkeit, sie wollen vielmehr zeigen, daß das, was er unter den Unterdrückten, den bevorzugten Zuhörern seiner Predigt und den ersten Nutznießern seines Handelns, befreiend verkündigt, bereits Geschichte wird. Das Reich ist Gabe Gottes, die allen unentgeltlich angeboten wird. Doch man gelangt nur hinein durch den Prozeß der Bekehrung. Die Bekehrung, die Jesus verlangt, bedeutet nicht nur eine Veränderung der Einstellungen (Theorie), sondern in erster Linie einen Wechsel des Verhaltens (Praxis) gegenüber allen personalen, sozialen und religiösen Beziehungen, die der Mensch unterhält.

Die Freiheit, die Jesus gegenüber dem Gesetz und den Sitten seiner Zeit praktizierte, seine radikalen Forderungen nach Verhaltensänderung auf der Linie der Seligpreisungen riefen einen schweren Konflikt hervor, in den die verschiedenen Machtinstanzen der damaligen Zeit verwickelt waren. Jesus lernte Diffamierung, Verleumdung, Verfolgung und Todesdrohung kennen. Seine Gefangennahme, Folterung, gerichtliche Verurteilung und Kreuzigung lassen sich nur als Konsequenz seines Lebens und seiner Praxis verstehen. In einer Welt, die sich weigerte, auf sein Angebot einzugehen und den Weg der Bekehrung einzuschlagen, blieb Jesus eine einzige Alternative, wenn er dem Vater und seiner eigenen Botschaft treu bleiben wollte: er mußte das Martyrium auf sich nehmen. Das Kreuz drückt einerseits die Verwerfung durch die Menschen und andererseits die Annahme im Opfer durch Jesus aus.

Die Auferstehung entschlüsselt die absolute Bedeutung der Botschaft vom Reiche, des Lebens und des Todes Jesu. Sie ist der endgültige Triumph des Lebens und der Hoffnung auf ein versöhntes Reich, in dem der universale Friede die Frucht der göttlichen Gerechtigkeit und der Integration aller Dinge in Gott ist. Die Auferstehung erweist sich so als die Befreiung in Fülle von allen Hindernissen, die sich der Herrschaft Gottes entgegenstellen, und als die Vollendung aller Lebens- und Herrlichkeitsdynamik, die Gott der Schöpfung und dem menschlichen Dasein eingepflanzt hat. Die Auferstehung offenbart insbesondere den Sinn des Todes des Unschuldigen, dessen, der abgelehnt wird, weil er eine größere Gerechtigkeit (die Gerechtigkeit Gottes) ausruft, und all derer, die wie Jesus um einer würdigen Sache willen sterben und namenlos ausgelöscht werden. Auferstanden ist nicht ein Cäsar auf dem Gipfel seiner Macht, sondern ein Gekreuzigter, der auf dem Hügel Golgota zerschlagen ward. Und die durch Unrecht Getöteten nehmen an seiner Auferstehung teil.

Jesus nachfolgen heißt seine Sache übernehmen, heißt bereit sein, die Verfolgungen zu ertragen, die sich daraus ergeben, und mutig sein Schicksal zu teilen – in der Hoffnung auf das Erbe der vollen Befreiung, das uns die Auferstehung bringt.

e) Der Heilige Geist, »Vater der Armen«, gegenwärtig in den Kämpfen der Unterdrückten. – Der Heilige Geist wurde in die Welt gesandt, um das Werk der Erlösung und der umfassenden Befreiung zu vervollständigen und fortzusetzen. Sein bevorzugtes Handlungsfeld ist die Geschichte. Sein Sturm (»Geist« im biblischen Sinne) weht in allem, was Bewegung, Umgestaltung und Wachstum ist. Er kennt keine abgeschlossenen Bezirke und weht, wo er will, innerhalb und außerhalb des christlichen Raums. Er erfaßt die Menschen, erfüllt sie mit Enthusiasmus, schenkt ihnen besondere Charismen und Fähigkeiten, um die Religion und die Gesellschaft umzugestalten, die verhärteten Institutionen aufzubrechen und Neues zu schaffen. Der Geist leitet die religiöse Erfahrung der Völker an und läßt nicht zu, daß sie jemals die Perspektive der Ewigkeit vergessen und dem Verlangen des Fleisches erliegen.

Auf ganz besondere Weise wirkt er in den Kämpfen und im Widerstand der Armen. Nicht ohne Grund nennt ihn die Liturgie den »Vater der Armen«, denn er gibt ihnen den Mut, Tag für Tag die harte Mühe um ihr und ihrer Familien Überleben auf sich zu nehmen, durch ihn finden sie die Kraft, die Unterdrückungen durch das gesellschaftliche und wirtschaftliche System zu ertragen, das sie ausbeutet und das sie nicht von einem auf den anderen Tag ändern können, durch ihn bleibt in ihnen die Hoffnung lebendig, daß immer etwas besser werden kann und daß sie gemeinsam sich eines Tages historisch befreien können. Die Frömmigkeit, das Gespür für Gott, die Solidarität, die Gastfreundlichkeit, die Stärke, die Lebensweisheit, die aus Leiden und aus Erfahrung wächst, die Liebe zu den eigenen und fremden Kindern, die Fähigkeit, in den schlimmsten Konflikten zu feiern und sich zu freuen, die Gelassenheit, mit der sie den harten Kampf ums Leben durchstehen, die Einsicht in das, was möglich und gangbar ist, die Mäßigung im Gebrauch der Gewalt und die fast grenzenlose Ausdauer, mit der sie die fortdauernde und alltägliche Aggression des wirtschaftlichen Systems samt der aus ihm sich ergebenden Marginalisierung ertragen – all das sind Gaben des Geistes, das heißt Formen seiner unaussprechlichen Gegenwart und seines Wirkens inmitten der Unterdrückten. Doch dieses Wirken tritt noch klarer zutage, wenn sie sich erheben, wenn sie beschließen, die Geschichte in ihre eigenen Hände zu nehmen, wenn sie sich organisieren, um ihre Forderungen anzumelden und Veränderungen zu schaffen, und wenn sie im Schlaf und im Wachen von einer Gesellschaft träumen, die allen Raum, Brot und Würde bietet. Die Geschichte der Befreiungskämpfe der Unterdrückten ist die Geschichte des Rufs des Heiligen Geistes im geteilten Herzen dieser Welt. Dank dem Geist werden die Ideale der Gleichheit und der Brüderlichkeit, wird die Utopie einer Welt, in der es leichter fällt, zu lieben und im Angesicht des anderen die mütterlichen und väterlichen Züge Gottes zu erkennen, niemals unter der Asche der Resignation ersticken und ersterben.

Im Lichte des Wirkens des Geistes muß man auch das Auftreten der Kirche an der Basis verstehen, die mehr Ereignis als Institution ist, die die Bewegung Jesu aktualisiert und sich für die Gerechtigkeit des Reiches engagiert. Hier zeigt sich die Kirche als Sakrament des Heiligen Geistes, begabt mit vielen Charismen, Ämtern und Diensten zum Wohl aller und zur Gestaltwerdung des Reiches in der Geschichte.

f) Maria, Frau aus dem Volk, Prophetin und Befreierin. – Die Verehrung des Volkes für Maria ist dogmatisch tief verwurzelt, denn Maria ist die Mutter Gottes, die unbefleckt Empfangene, die Jungfrau von Nazaret und die mit ihrer ganzen menschlichen Realität in die himmlische Glorie Aufgenommene. In einer Perspektive der Befreiung sind einige Züge an ihrem Bild heller hervorgetreten, die den Christen der Basisgemeinden in ihrem vom Glauben geleiteten Einsatz für die Umgestaltung der Gesellschaft teuer sind.

Erstens: Die ganze theologische Größe Marias ruht auf der Schlichtheit ihrer historischen Lebenssituation. Sie ist die

Maria von Nazaret, eine Frau aus dem Volk, die die Volksreligiosität ihrer Zeit praktizierte (etwa die Darstellung Jesu im Tempel und die Wallfahrt nach Jerusalem: Lk 2, 22 ff. 41 ff.), die ihre Verwandtschaft besuchte (Lk 1, 39 ff.), die durchaus auch zu Hochzeitsfesten ging (Joh 2), die sich um ihren Sohn sorgte (Lk 2, 48; Mk 3, 31 f.) und die ihn, ganz hingegebene Mutter, bis unters Kreuz begleitete (Joh 19, 25). In dieser Kleinheit und nicht trotz ihr war Maria all das, was der Glaube von ihr bekennt, denn Gott hat an ihr große Dinge getan (Lk 1, 49).

Zweitens: Maria ist ein Beispiel für Glauben und Verfügbarkeit für das Vorhaben Gottes (Lk 1, 45; 1, 38). Gewiß versteht sie nicht die ganze Tiefe des Geheimnisses, das sich durch sie verwirklicht, die Herabkunft des Heiligen Geistes über sie und die jungfräuliche Empfängnis des ewigen Sohnes aus dem Vater in ihrem Schoß (vgl. Lk 1, 35; Mt 1, 18), doch auch so vertraut sie auf die Ratschlüsse Gottes. Sie denkt nicht an sich, sondern an die anderen, an ihre Verwandte Elisabet (Lk 1, 39 ff.), an den während einer Wallfahrt zurückgebliebenen Sohn (Lk 2, 43), an die Hochzeiter in Kana, die keinen Wein mehr haben (Joh 2, 3). Man kann eben nur befreiend wirken, wenn man frei von sich selbst ist und sein Leben in den Dienst an den anderen stellt – wie Maria, Jesus und Josef.

Drittens: Maria ist die Prophetin des Magnifikat. Indem sie die Befreiungsbotschaft ihres Sohnes vorwegnimmt, zeigt sie sich aufmerksam und sensibel für das Schicksal der Erniedrigten und ungerecht Behandelten; selbst in einer Atmosphäre des Lobens erhebt sie ihre Stimme zur Anklage und erfleht den göttlichen Umsturz in den Beziehungen zwischen Unterdrückern und Unterdrückten. Nichts vermag diese ganze befreiende Dimension besser hervorzuheben als die Worte Pauls VI.: »Maria (war) trotz ihrer Hingabe an den Willen Gottes keine passive Frau..., die achtlos an den Dingen dieser Welt vorbeiging und andere davon abhielt, in einer abwegigen Religiosität befangen, sondern eine Frau, die nicht zögerte zu verkünden, daß Gott der Anwalt der Kleinen und Unterdrückten sei, der die Mächtigen dieser Welt vom Thron stürzt (Lk 1,51–53); (man) wird Maria sehen ›als hervorragende Vertreterin der Demütigen und Armen Gottes‹ (Lumen gentium, Nr. 55), als eine starke Frau, die Armut und Leiden, Flucht und Verbannung mitmachte (vgl. Mt 2,13–23): Situationen, die der Aufmerksamkeit dessen nicht entgehen können, der im Geist des Evangeliums die befreienden Kräfte des einzelnen wie in der menschlichen Gesellschaft fördern will...« (Enzyklika »Marialis cultus« [1974], Nr. 37).

Schließlich: Maria gehört zur Religion des lateinamerikanischen Volkes. Es gibt kein Land unseres Kontinents, in dem der Name Maria nicht Menschen, Städten, Flüssen, Gebirgen und zahllosen heiligen Stätten zu eigen wäre. Maria hat die Unterdrückten des Kontinents geliebt. Sie hat die Farbe der unterdrückten schwarzen Sklaven und dunkelhäutigen Ureinwohner angenommen. Und so erscheint sie als »Morenita«, die schwarze Jungfrau von Guadalupe in Mexiko, als Unsere Liebe Frau von Aparecida, schwarz wie die Sklaven Brasiliens, als die ebenfalls schwarze »Virgen de la Caridad« auf Kuba und in vielen anderen Gestalten. Zu den marianischen Wallfahrtszentren bringen die Volksmengen ihre Klagen, hier vergießen sie ihre Tränen, erschöpft von soviel Mühsal, und hier werden sie mit neuer Hoffnung erfüllt, die sie in ihren Kämpfen und ihrem Widerstand weiterträgt. An diesen Orten wird Maria zur »sakramentalen Gegenwart der mütterlichen Züge Gottes« (Puebla, Nr. 291), zum »Stern der immer neuen Evangelisierung« (Evangelii nuntiandi, Nr. 81), und gemeinsam mit Christus will sie die »Hauptmitwirkende der Geschichte« sein (Puebla, Nr. 293).

g) Die Kirche, Zeichen und Werkzeug der Befreiung. – Die Kirche ist und bleibt ein Glaubensgeheimnis, weil sie der geschichtliche Erbe des Mysteriums Christi und seines Geistes ist und weil in ihr das Reich seinen bewußten und institutionalisierten Ausdruck findet. Aber sie ist auch die organisierte Antwort, die die Jünger Jesu auf das Geschenk Gottes gaben; darum ist sie – ungetrennt und unvermischt – zugleich göttlich und menschlich und teilhaftig der Schwäche alles Menschlichen und der Herrlichkeit alles Göttlichen.

Von den Anfängen der lateinamerikanischen Geschichte an ist sie in feinster Verzweigung unter dem Volk gegenwärtig. Oft genug war sie die Komplizin bei der Kolonisierung, die die Kulturen der Ureinwohner zerstörte, aber sie hat doch auch die Freiheit gefördert und war solidarisch in der Befreiung. In den letzten Jahrzehnten hat sie sich angesichts der immer schlechter werdenden Lebensbedingungen des Volkes neu auf ihren Auftrag, nämlich die befreiende Verkündigung des Evangeliums, besonnen.

Die beste Art, den Armen das Evangelium zu verkünden, ist, daß man ihnen ermöglicht, selbst Kirche zu werden und der ganzen Kirche zu helfen, daß sie wirklich eine arme Kirche und eine Kirche der Armen wird. Mit dieser Zielsetzung sind fast überall in Lateinamerika Tausende von Kirchlichen Basisgemeinden, Bibelkreisen und eine echte Volkspastoral entstanden. In diesen Gemeinschaften haben die Christen die *Communio* als einen für die Kirche strukturellen und strukturierenden Wert entdeckt. Mehr noch denn eine Institution, die als vollkommene Gesellschaft organisiert und pyramidisch aufgebaut ist, muß die Kirche die Gemeinschaft der Gläubigen sein, die in brüderlichen Beziehungen von Teilhabe, Liebe und Dienst miteinander leben. In diesen Gemeinschaften ereignen sich eher die Begegnung zwischen Glaube und Leben, Evangelium und Zeichen der Zeit, die man dort gemeinschaftlich begreift, die Überwindung der Anonymität der großen Pfarreien und das hellere Zeugnis für das christliche Engagement. So entstand ein weitgespanntes Netz von Kirchlichen Basisgemeinden, innerhalb dessen sich Kardinäle, Bischöfe, Priester, Ordensleute und die verschiedenen Ausprägungen des Laikats finden.

Wenn man einmal von den ganz unvermeidlichen Spannungen in jedem lebendigen Organismus absieht, kann man sagen, daß die Kirche als Großinstitution und das weite Netzwerk der Kirchlichen Basisgemeinden auf das glücklichste übereinstimmen. Beide treffen sich in dem einen Geist des Evangeliums und trachten durch die Verkündigung der Frohen Botschaft Jesu und durch ihr Befreiungshandeln in der geteilten Gesellschaft allen zu dienen.

Diese christlichen Gemeinden, die in der Gemeinschaft mit ihren Hirten geeint sind, legen den realen Grund dafür, daß die Kirche wirklich und nicht nur rhetorisch das Volk Gottes auf dem Wege sein kann. Um überhaupt Volk Gottes sein zu können, müssen die Christen zuerst einmal ein Volk bilden, das heißt, sie müssen eine Verknüpfung von lebendigen Gemeinschaften sein, die an ihrer Bewußtwerdung arbeiten, ihre Marschroute entwerfen und sich zum Handeln organisieren. Wenn dieses Volk durch den Glauben, die Taufe und die Praxis des Evangeliums in die Kirche eintritt, dann verleiht es ihr Gestalt als historisches Volk Gottes, das hier in Lateinamerika mehr und mehr die Merkmale der Volkskultur annimmt.

Auf dieser Wanderung des Volkes Gottes und inmitten der Gemeinden entstehen die verschiedenen Ämter und Dienste, die den verschiedenen religiösen und menschlichen Bedürfnissen entsprechen, werden die Rollen und der Arbeitsstil der in der Pastoral Tätigen neu definiert und die Aufgaben der Evangelisierung gemeinsam übernommen.

Eine Kirche, die derart aus dem Glauben des Volkes wächst, kann sich wahrhaft als Zeichen jener umfassenden Befreiung, die Gott für seine Kinder will, und als angemessenes Werkzeug für ihre Erfüllung in der Geschichte darstellen. In den Feiern und Dramatisierungen des Volkes, in den Ritualisierungen des sakramentalen Lebens und in den bunteren Formen der religiösen Kreativität drückt sich symbolisch die Befreiung aus, die das Volk heute schon erlebt und die, wenn sie auch zerbrechlich ist, doch wahrhaft die volle Befreiung im endgültigen Reich des Vaters vorwegnimmt.

h) **Die Rechte der Armen als Rechte Gottes.** – Die theologische Reflexion über die überaus große Würde der Armen, die wir im vorausgegangenen Kapitel betonten, hat dazu beigetragen, daß innerhalb der Kirchen das Gespür für die Förderung und Verteidigung der Menschenrechte zunahm. Die pastorale Arbeit unter den Armen bewirkte, daß sie ihre historische Kraft und ihre heilige Würde entdeckten. Zur umfassenden Evangelisierung gehört es, das Gefühl für die Unantastbarkeit der menschlichen Person zu wecken und die Garantie ihrer Grundrechte zu betreiben, und zwar insbesondere in *gesellschaftlicher* Hinsicht. Die bürgerlich-liberale Konzeption vertritt die Rechte eines von der Gesellschaft und von der grundlegenden Solidarität mit allen Menschen abgelösten Individuums. Gegenüber dieser Vorstellung hat sich in der Theologie der Befreiung von den biblischen Quellen her ein reicheres Verständnis entwickelt. In der Schrift ist mit Vorrang vom Recht der Armen, der Fremden, der Waisen und der Witwen die Rede. Alle, die hilflos sind und Gewalt erleiden, finden in Gott ihren Bürgen und Anwalt. Gott und sein Messias übernehmen den Schutz derer, die niemanden haben, der sich um sie kümmert. Die Rechte der Armen sind Rechte Gottes. Der Kampf für die Förderung der Menschenwürde und die Verteidigung der verletzten Rechte müssen bei den Rechten der Armen beginnen. Geht man von ihnen aus, so zeigt sich die Notwendigkeit einer gewissen Hierarchisierung der Rechte: An erster Stelle stehen die *fundamentalen* Rechte auf das Leben und auf die Mittel zum Leben (Brot, Arbeit, elementare Gesundheit, Wohnung, Alphabetisierung); danach rangieren alle anderen Menschenrechte wie Meinungsfreiheit, Gewissensfreiheit, Freizügigkeit, Religionsfreiheit usw.

Nach Hunderten zählen auf dem ganzen Kontinent die Gruppen von »Aktion, Gerechtigkeit und Frieden« und die »Zentren zur Verteidigung der Menschenrechte«, in denen die Armen gemeinsam mit ihren Alliierten (Anwälten und anderen »organischen Intellektuellen«) die Vergewaltigungen, die sie erleiden, prophetisch anklagen, mit anderen Bewegungen ihre Erfahrungen austauschen, Widerstandsaktionen organisieren und die in ihren Rechten Verletzten juristisch verteidigen. Sehr richtig haben unsere Bischöfe in Puebla erklärt: »Die Liebe Gottes... (muß) für uns Menschen von heute... in erster Linie zu einem Werk der Gerechtigkeit für die Unterdrückten... und zu einem Bemühen um die Befreiung jener werden, die ihrer am meisten bedürfen« (Puebla, Nr. 327; vgl. Nr. 1145).

i) Das Verhalten des freien und befreienden Menschen. – Die Theologie der Befreiung ist wesentlich Praxis, und somit schlägt sie unmittelbar auf die Ethik und auf die Haltungen des Menschen durch. Sie hat ein neues Profil des Christseins heute hervorgebracht; wir werden das am Ende dieser Darlegungen des näheren zeigen. Hier wollen wir nur einige Aspekte von mehr ethischer Art hervorheben.

Die Christen sehen sich mit der sozialen und strukturellen Sünde der Unterdrückung und Ungerechtigkeit gegen die Mehrheit der Bevölkerung konfrontiert. Es handelt sich dabei um die Sünde, die in den Institutionen und Strukturen der Gesellschaft herrscht und einzelne und Gruppen zu Verhaltensweisen verleitet, die dem Projekt Gottes widersprechen. Wir möchten hier klarstellen, daß die Strukturen nicht Dinge sind, sondern Weisen, wie die Dinge mit den Menschen, die mit ihnen zu tun haben, in Beziehung stehen. Die Überwindung der sozialen Sünde setzt den Willen zu einer Umgestaltung voraus, die die Strukturen ändert, so daß diese in ihrem Funktionieren mehr Gerechtigkeit und Partizipation schaffen. Die Bekehrung zum Evangelium verlangt mehr als eine Änderung des Herzens, sie fordert auch eine Befreiung der gesellschaftlichen Organisation, die sündhaftes Verhalten produziert und reproduziert. Diese gesellschaftliche Bekehrung kommt zum Ausdruck im Ringen um soziale Umgestaltung, im Gespür für Strategien und Taktiken, die den Weg zu den notwendigen Veränderungen öffnen. Der sozialen Sünde muß die soziale Gnade entgegentreten, die Frucht des göttlichen Geschenks und des gottgeleiteten menschlichen Tuns.

Die Nächstenliebe als Weise des Seins-für-die-anderen wird immer ihre Geltung haben. Doch in einer gesellschaftlichen Dimension heißt lieben, an der Schaffung neuer Strukturen mitzuwirken, jene zu stützen, die einen Schritt nach vorn in der Ausbildung höherer Lebensqualität darstellen, und auf politischem Felde seinen Platz im Licht der solidarischen Option für die Armen zu suchen. Die gesellschaftliche Liebe ist speziell durch den Klassenkonflikt herausgefordert. Ihn fordern wir nicht, ihn haben wir zu beklagen; er ist eine reale Gegebenheit in einer Gesellschaft, die der Antagonismus der Klassen kennzeichnet. Jesus hat durch sein Beispiel gezeigt, daß die Liebe zu den Menschen und der Einspruch gegen ihr Verhalten durchaus zusammengehen. Wir sind verpflichtet, die Menschen immer und unter allen Umständen zu lieben, jene Einstellungen und Systeme aber, die sich mit den ethischen Kriterien der Botschaft Jesu nicht vereinbaren lassen, zu bekämpfen. Friede und Versöhnung in der Gesellschaft sind nur in dem Maße möglich, wie die realen Motive überwunden werden, die fortwährend die Konflikte nähren: die ungleichen und ungerechten Beziehungen zwischen Kapital und Arbeit, die Trennung zwischen den Rassen, den Kulturen und den Geschlechtern. Lieben, ohne zu hassen, kämpfen für den Triumph der gerechten Sache, ohne trügerischen Gefühlen nachzugeben, und dabei andere Meinungen zu respektieren, die eigenen Ansichten zu relativieren und die Einheit der Gemeinde zu bewahren – das sind konkrete Herausforderungen an die Heiligkeit der im Sinn der Befreiung tätigen Christen.

Die Arbeit für die Befreiung, Seite an Seite mit den Unterdrückten, bringt Verfolgung und Martyrium mit sich. Wenn der Christ in diesem Kontext den Geist der Seligpreisungen leben will, indem er solche Konsequenzen auf sich nimmt, weil sie zu seinem Engagement auf der Linie des Evangeliums gehören, dann muß er wahrhaft frei, muß er jetzt schon Kind des Reiches des göttlichen Friedens und darum ein tatkräftiger Arbeiter für die Befreiung sein. Hier gewinnt die Auferstehungsspiritualität ihren vollen Sinn: Sie feiert wohl den Triumph des Lebens, aber mehr noch zeigt sie den Sieg eines gekreuzigten Befreiers, der, weil er sein Leben freiwillig für die anderen hingab, die Fülle göttlichen Lebens erbte.

Der befreiende Christ vereint Himmel und Erde, den Aufbau der Stadt der Menschen mit der eschatologischen Stadt Gottes, die Förderung des geringsten Lebens in der Gegenwart mit der Verheißung des höchsten Lebens in der Ewigkeit. Er verwirft nichts von dem, was wahrhaft menschlich ist und was ja auch der Sohn Gottes angenommen hat, alles wird ihm zum Potential für die umfassende Befreiung, die dann anbrechen wird, wenn der Herr kommt, um zu vollenden, was Männer und Frauen, und besonders die Unterdrückten unter ihnen, mühsam geschaffen haben.

j) Andere Herausforderungen für die Theologie der Befreiung. – Über die soeben aufgeführten Grundthemen hinaus stellen sich der Theologie der Befreiung viele andere Herausforderungen, echte konkrete Thematiken, die dieser Denktypus im Lichte der ihm eigenen Einsichten und Einstellungen untersucht. So hat sich insbesondere in Mittelamerika – wo ja eine drückende Situation der Gewalt herrscht – eine »Theologie des Lebens« entwickelt – gegen die sozio-historischen Mechanismen des Todes. In Verbindung mit dieser Thematik wird dort augenblicklich eine kritische Theologie der Wirtschaft und der Politik erarbeitet.

Die Frau stellt nicht nur ein Thema der Reflexion dar, sondern eine Perspektive, in der Männer und Frauen alle Themen betrachten können und müssen. Theologien der Schwarzen und der Indianer werden im Ausgang von diesen selbst entworfen, und damit bietet sich eine Ergänzung und Vervollständigung der anderen Strömungen der Theologie der Befreiung an. Die Spiritualität war, wie wir gleich eingangs beschrieben haben, von Anfang an ein Feld, dem die Befreiungstheologen größte Aufmerksamkeit widmeten. Sie hat sich besonders kraftvoll entfaltet im Bereich des Ordenslebens (Lateinamerikanische Vereinigung der Ordensleute und Nationale Konferenzen der Ordensleute) und in den Zentren der Volkspastoral.

Doch in allem waltet als Grundton die Verbindung zwischen dem Glauben in seinem dogmatischen Gehalt und seiner praktischen und gesellschaftlichen Entfaltung. Das, was für den christlichen Glauben charakteristisch, und das, was historisch dringlich ist, werden ständig zusammengehalten. Aus dieser Annäherung und Konfrontation erwächst die befreiende Dimension der christlichen Botschaft.

k) Versuchungen für die Theologie der Befreiung. – Wir wollen die Versuchungen, die die Befreiungstheologen überkommen können, nicht vernachlässigen. Die Kritik hat sie ja schon häufig vermerkt, und das Lehramt hat diese Kritik zum Teil übernommen. Man sollte anerkennen, daß die Befreiungstheologen solche Hinweise bei ihrer Arbeit mehrheitlich beherzigt haben. Einige von diesen Versuchungen seien hier aufgeführt:

Vernachlässigung der mystischen Wurzeln, aus denen jedes echte Engagement für die Befreiung sprießt, und Überbewertung des politischen Handelns. Im Gebet, in der Betrachtung und im gemeinschaftlichen und intimen Umgang mit Gott erneuern sich die Motivationen, die aus dem Glauben den Einsatz für die Unterdrückten und für alle Menschen hervorgehen lassen.

Überhandnehmen des politischen Aspekts der Probleme um Unterdrückung und Befreiung zum Nachteil anderer Dimensionen, die eher Geschenkcharakter haben, aber tief menschlich und evangeliumsgemäß sind, wie Freundschaft, Verzeihung, Sinn für Feiern und Feste, der offene Dialog mit allen Menschen, die Sensibilität für die Kunst und die geistigen Reichtümer.

Unterordnung des Diskurses über den Glauben unter den Diskurs über die Gesellschaft in einer schlecht durchdachten oder zu sehr vom Klassenkonflikt geprägten Verknüpfung, wobei dann dem religiös-christlichen Bereich keine größere Aufmerksamkeit geschenkt wird. Diese Versuchung gilt insbesondere für die Exegese und die Liturgie.

Verabsolutierung der Theologie der Befreiung, durch die die Geltung anderer Theologien mindergeachtet wird, sowie Überbetonung der sozio-ökonomischen Gestalt des Armen im Sinne des Evangeliums, die die Gewichtigkeit anderer Aspekte der gesellschaftlichen Unterdrückung – etwa der Schwarzen, der Indianer und der Frauen – zurückdrängt.

Übermäßige Betonung der Brüche gegenüber der Kontinuität mit der großen Tradition der Kirche in den pastoralen Verhaltensweisen, Idealen und Initiativen.

Nachlässigkeit in der Vertiefung des Dialogs mit anderen christlichen Kirchen oder mit den zeitgenössischen Theologien oder auch mit der Glaubens- und Soziallehre des päpstlichen und örtlichen Lehramts und infolgedessen Verlust der Bereicherung, die aus alldem für eine fruchtbarere Theologie der Befreiung hervorgehen könnte.

Unachtsamkeit der Befreiungstheologen gegenüber der Notwendigkeit, sich den verschiedenen kirchlichen Instanzen verständlich zu machen, wodurch der Prozeß der Bekehrung der Kirche zu den Armen verzögert und die Aneignung der Menschenrechte, die ja auch im christlichen Bereich gelten, erschwert wird.

Diese Versuchungen lassen sich um so eher meiden, je mehr die Befreiungstheologen vom Sinn Christi (vgl. 1 Kor 2,16) durchdrungen und der kirchlichen Gemeinschaft verbunden sind und je mehr sie ihre Lebenskraft aus dem mystischen Lebenssaft von Religion und Glauben des Volkes ziehen.

V. Kurzgefaßte Geschichte der Theologie der Befreiung

In diesem Teil wollen wir versuchen, wie in einer Blindenschrift die hervorstechenden Punkte zu markieren, die das Entstehen und die Entfaltung der Theologie der Befreiung gefördert haben. Mehr ins einzelne gehende Darstellungen verdanken wir Roberto Oliveros, Alfonso García Rubio, José Comblin, Enrique Dussel und anderen.

Vorläufer

Die historischen Wurzeln der Theologie der Befreiung liegen in der prophetischen Tradition von Glaubensboten und Missionaren, die von Beginn der Kolonisierung an die Art, wie die Kirche auf dem Kontinent präsent war, und die Weise, wie man die Ureinwohner, die Schwarzen, die Mestizen und die armen Bevölkerungsschichten in der Stadt und auf dem Land behandelte, in Frage gestellt haben. Namen wie Bartolomé de Las Casas, Antonio de Montesinos, Antônio Vieira, Fray Caneca und andere mögen hier für eine Schar religiöser Persönlichkeiten stehen, die in keinem Jahrhundert unserer kurzen Geschichte fehlten. Was heute an die Oberfläche des gesellschaftlichen und kirchlichen Bewußtseins dringt, hat dort seinen Quellgrund.

a) Politisch-soziales Gären. – Die populistischen Regierungen der fünfziger und sechziger Jahre, insbesondere mit Perón in Argentinien, Vargas in Brasilien und Cárdenas in Mexiko, riefen ein nationalistisches Bewußtsein wach und förderten eine bezeichnende Entwicklung der Importsubstitution auf industriellem Gebiet [das heißt, Importe wurden zunehmend durch Eigenproduktion ersetzt], von der die nationalen Bourgeoisien und die städtische Bevölkerung profitierten, durch die hingegen weiteste Teile der Landbevölkerung in die Marginalisierung und in die Verslumung getrieben wurden. Die genannte Entwicklung wurde jedoch vorangetrieben im Rahmen eines abhängigen, an den Kapitalismus der reichen Länder angeschlossenen Kapitalismus, der die großen Mehrheiten ausschloß. Dies verursachte starke populare Bewegungen, die einschneidende Veränderungen in der sozio-ökonomischen Struktur der jeweiligen Länder forderten. Solche Forderungen wiederum riefen das Entstehen von Militärdiktaturen in den Hauptnationen Lateinamerikas hervor; diese Regime setzten sich zum Ziel, das Wachstum des Kapitals zu gewährleisten, und im allgemeinen erreichten sie Stabilität durch politische Repression und durch die polizeiliche Kontrolle sämtlicher Regungen des öffentlichen Lebens.

In diesem Kontext erschien die sozialistische Revolution auf Kuba als eine Alternative in der Beseitigung des Hauptfaktors für die Unterentwicklung, der Abhängigkeit. Vielerorts flammten bewaffnete Kämpfe auf; in ihnen ging es um den Sturz der herrschenden Macht und um die Errichtung von Regimen mit sozialistischer Ausrichtung. An der Basis der Gesellschaft gärte das Verlangen nach Veränderung, und es entstand eine echte vorrevolutionäre Atmosphäre.

b) *Kirchliches Gären.* – Vor allem seit den sechziger Jahren weht in den Kirchen ein starker Wind der Erneuerung. Die Kirchen bejahen ihren gesellschaftlichen Auftrag: Laien engagieren sich in der Volksarbeit, charismatische Bischöfe und Priester bestärken den Ruf nach Fortschritt und nationaler Modernisierung. Es gibt Initiativen, die das Bewußtsein und die Lebensbedingungen der notleidenden Bevölkerungsschichten wirklich voranbringen: die verschiedenen kirchlichen Bewegungen wie die JUC (Juventude Universitária Católica = Katholische Universitätsjugend), die JOC (Juventude Operária Católica = Katholische Arbeiterjugend), die JAC (Juventude Agrária Católica = Katholische Landjugend), der MEB (Movimento de Educação de Base = Bewegung zur Förderung der Grundausbildung), der Unterricht durch Rundfunk, die ersten Kirchlichen Basisgemeinden. Die europäische Theologie der irdischen Wirklichkeiten, der integrale Humanismus Jacques Maritains, der soziale Personalismus von Emmanuel Mounier, der progressistische Evolutionismus Pierre Teilhard de Chardins, Henri de Lubacs Reflexionen über die soziale Dimension der Dogmen, die Theologien des Laien von Yves Congar und der Arbeit von Marie-Dominique Chenu waren die theoretische Stütze für die Praktiken dieser Christen (die zumeist aus der Mittelschicht kamen) an der Seite der popularen Bewegungen. Das zweite Vatikanische Konzil (1962–1965) lieferte die beste theoretische Begründung für ein praktisches Engagement unter dem Zeichen einer Theologie des Fortschritts, der authentischen Säkularisierung und der Förderung des Menschen.

Ende der sechziger Jahre, mit der Krise des Populismus und des herkömmlichen Entwicklungsmodells, vollzog sich der Aufbruch eines starken soziologischen Denkens, das die wahren Ursachen der Unterentwicklung aufzeigte. Entwicklung und Unterentwicklung sind Vorder- und Rückseite ein und derselben Medaille. Alle westlichen Länder sind in einem ungeheuren Entwicklungsprozeß begriffen; doch dieser ist ungleich und assoziiert, was bewirkt, daß seine Vorteile den bereits entwickelten Ländern des Zentrums zufallen, während seine Nachteile den historisch zurückgebliebenen und unterentwickelten Nationen an der Peripherie zugeschoben werden. Die Armut der Länder in der Dritten Welt ist der Preis, der gezahlt werden muß, damit die Erste Welt Überfluß genießen kann. In kirchlichen Kreisen, die den Verschiebungen in der Gesellschaft und in den Untersuchungen über ihre Probleme aufmerksam gegenüberstanden, wirkte jene Interpretation wie ein Salz und wie ein Sauerteig, die den pastoralen Maßgaben neue Lebendigkeit und neuen kritischen Geist verliehen: Der Abhängigkeit zwischen dem Zentrum und der Peripherie müßte, so sah man, ein Prozeß des Bruchs und der Befreiung entgegengestellt werden. Damit fiel die Basis für die Theologie der Entwicklung dahin, und es entstand der theoretische Unterbau für eine Theologie der Befreiung. Deren reale und materielle Grundlagen allerdings waren erst dann gegeben, als die Volksbewegungen und die christlichen Gruppen sich im Kampf für eine gesellschaftlich-politische Befreiung trafen, die offen sein sollte für eine vollständige und umfassende Befreiung. Damals entstanden die objektiven Bedingungen für eine authentische Theologie der Befreiung.

c) Theologisches Gären. – Im Zusammenhang mit dem Dialog zwischen Kirche und brodelnder Gesellschaft, zwischen christlichem Glauben und Wunsch nach Umgestaltung und Befreiung von den Klassen des Volkes aus begannen die ersten theologischen Überlegungen, die auf die Theologie der Befreiung zielten. Die Atmosphäre von großer Freiheit und Kreativität in der Theologie, die sich zur Zeit des II. Vaticanums entwickelt hatte, ermunterte die Theologen in Lateinamerika dazu, sich unserer pastoralen Probleme mit ihrem eigenen Verstande anzunehmen; und zwar sowohl auf katholischer wie auf evangelischer Seite, insbesondere in ISAL (Iglesia y Sociedad en América Latina = Kirche und Gesellschaft in Lateinamerika). Theologen wie Gustavo Gutiérrez, Segundo Galilea, Juan Luis Segundo, Lucio Gera und andere katholischerseits sowie Emílio Castro, Julio de Santa Ana, Rubem Alves und José Míguez Bonino auf evangelischer Seite gingen daran, mittels zahlreicher Treffen die Reflexion über das Verhältnis von Glaube und Armut, Evangelium und sozialer Gerechtigkeit zu vertiefen. In Brasilien entwickelte die katholische Linke zwischen 1959 und 1964 eine Reihe von Grundlagentexten über die Notwendigkeit eines christlichen historischen Ideals (Almery Bezerra und H. de Lima Vaz von der Päpstlichen Katholischen Universität in Rio de Janeiro) in Verbindung mit einer popularen Aktion, deren

Methodologie bereits die Theologie der Befreiung ankündigte; gefordert wurde ein persönliches Engagement in der Wirklichkeit, die mittels des Studiums der Wissenschaften von der Gesellschaft und vom Menschen entziffert und durch die umgreifenden Prinzipien des Christentums beleuchtet wurde.

Im März 1964 fand in Petrópolis (Rio de Janeiro) ein Treffen lateinamerikanischer Theologen statt. Dabei stellte Gustavo Gutiérrez die Theologie als kritische Reflexion über die Praxis vor. Auf Zusammenkünften im Juni und Juli 1965 in Havanna, Bogotá und Cuernavaca gewann diese Denkrichtung schärfere Konturen. Im Zuge der Vorbereitung auf Medellín (1968) wurden zahlreiche Treffen organisiert, die als Werkstätten für eine Theologie dienten, welche sich pastoralen Fragen widmete und von der engagierten Praxis der Christen ausging. Die Reflexionen von Gustavo Gutiérrez in Montreal (1967) und in Chimbote (Peru) über die Armut der Dritten Welt und über die Herausforderung für eine Befreiungspastoral gingen mit großen Schritten in die Richtung einer Theologie der Befreiung. Auf einem theologischen Treffen in Cartigny in der Schweiz wurden die ersten Umrisse skizziert: »Hacia una teología de la liberación« [Auf dem Weg zu einer Theologie der Befreiung].

Vom 6. bis 7. März 1970 wurde in Bogotá der erste Kongreß über Theologie der Befreiung veranstaltet; er sollte vom 26. bis 31. Juli 1971 am selben Ort wiederholt werden. Parallel dazu organisierte ISAL in den Jahren 1970 und 1971 in Buenos Aires ähnliches für den evangelischen Bereich.

Schließlich publizierte Gustavo Gutiérrez im Dezember 1971 sein für diese Theologie grundlegendes Buch »Teología de la liberación« [Theologie der Befreiung]. Schon früher, im Mai desselben Jahres, hatte Hugo Assmann in Montevideo den Sammelband »Opresión – liberación: desafío a los cristianos« [Unterdrückung und Befreiung: Herausforderung an die Christen] herausgebracht, und noch im Dezember schloß Leonardo Boff seinen Aufsatzband »Jesus Cristo Libertador« [Jesus Christus der Befreier] ab (erschienen in Petrópolis). Somit war der Weg frei für eine Theologie, die von der Peripherie ausging und mit den Fragen der Peripherie verknüpft war, welche damals und heute eine gewaltige Herausforderung für den Evangelisierungsauftrag der Kirchen waren und sind.

Formulierung

In diesem Abschnitt unterscheiden wir, aus Gründen der Klarheit und um die erzielten Fortschritte ausmachen zu können, vier Etappen in der Formulierung der Theologie der Befreiung.

Die Etappe der Urbarmachung. – Hier geht es um die Wegbereiter, die den Horizont dieser Weise des Theologietreibens aufgerissen und die folgenden Entfaltungen ermöglicht haben. Neben Gustavo Gutiérrez traten hervor Juan Luis Segundo mit seinen Büchern »De la sociedad a la teología« [Von der Gesellschaft zur Theologie] (1970) und »Liberación de la teología« [Befreiung der Theologie] (1975), Hugo Assmann mit »Teología desde la praxis de la liberación« [Theologie von der Praxis der Befreiung aus] (1973), Lucio Gera mit »Apuntes para una interpretación de la Iglesia argentina« [Notizen für eine Interpretation der argentinischen Kirche] (1970) und »Teología de la liberación« [Theologie der Befreiung] (1973). Zu diesen gesellten sich mit einer Fülle von Vorträgen und Einkehrtagen der Bischof und spätere Kardinal Eduardo Pironio, Sekretär des CELAM, des Lateinamerikanischen Bischofsrates, Segundo Galilea und Raimundo Caramuru, der Hauptberater der CNBB, der Brasilianischen Bischofskonferenz.

Auf evangelischer Seite zeichneten sich neben Emilio Castro und Julio de Santa Ana auch Rubem Alves – mit »Cristianismo: ¿Opio o instrumento de liberación?« [Christentum: Opium oder Befreiungsinstrument] (1973), auf englisch bereits 1969 publiziert – und José Míguez Bonino – »La fe en busca de eficacia« [Der Glaube auf der Suche nach Wirksamkeit] (1977) und »Doing theology in a revolutionary situation« [Theologie im Kontext der Befreiung] (1975) – aus. Laien wie Héctor Borrat, Methol Ferré und Luiz Alberto Gómez de Souza trugen neben dem belgischen Priester François Houtart und dem chilenischen Geistlichen Gonzalo Arroyo viel Wertvolles zur Verknüpfung der Theologie mit den Sozialwissenschaften bei.

Die Etappe des Aufbaus. – Die erste Etappe ist dadurch charakterisiert, daß sie die Theologie der Befreiung als eine Art Fundamentaltheologie darstellt, das heißt als Eröffnung von neuen Perspektiven und Horizonten, von denen aus die gesamte Theologie neu gelesen werden kann. Die zweite Etappe ist schon der erste Versuch, Lehrinhalte in der Linie der Befreiung darzulegen. Dabei wurden drei Bereiche bevorzugt: die Spiritualität, die Christologie und die Ekklesiologie, denn alle drei brachten die unmittelbarsten Bedürfnisse des kirchlichen Lebens zum Ausdruck. Unter vielen Namen, die für eine schon sehr breit entfaltete Produktion stehen, wollen wir folgende hervorheben: Enrique Dussel, Juan Carlos Scannone, Severino Croato und Aldo Büntig aus Argentinien; João Batista Libânio, Frei Betto, Frei Carlos Mesters, José Comblin, Eduardo Hoornaert, José Oscar Beozzo, Gilberto Gorgulho, Carlos Palácio, Frei Leonardo Boff aus Brasilien; Ronaldo Muñoz, Sergio Torres und Pablo Richard aus Chile; Raúl Vidales, Luis del Valle, Arnaldo Zenteno, Camilo Maccise, Jesús García aus Mexiko; Ignacio Ellacuría, Jon Sobrino, Juan H. Pico, Uriel Molina aus Mittelamerika; Pedro Trigo und Otto Maduro (ein Soziologe) aus Venezuela; Luis Patiño und Cecilio de Llora aus Kolumbien.

Die Etappe der Unterbauung. – Diese schon vorgerückte Etappe der Reflexion im Interesse der Befreiung der Unterdrückten führt uns einen für die Festigung der Theologie der

Befreiung notwendigen zweifachen Unterbau vor Augen. Einerseits zeigt sich ein klares Bewußtsein davon, daß man den befreiungstheologischen Diskurs wissenschaftstheoretisch unterfangen muß. Wie kann man die Argumentation, die von der spirituellen Grunderfahrung ausgeht, das Moment des analytischen *Sehens* aufnimmt, durch das theologische *Urteilen* schreitet und schließlich zum pastoralen *Handeln* gelangt, stimmig machen, damit schlichte Aneinanderreihungen, Parallelismen und Vermischungen in Sprache und Ebene vermieden werden? Die rechte Theologie der Befreiung setzt die Kunst voraus, mehrere Diskurse unter ausdrücklichem Einschluß der Praxis miteinander zu verknüpfen. Auf diesem Felde hat die Theologie der Befreiung Arbeiten erbracht, die sich für sie selbst, aber auch für die Gesamtaufgabe der Theologie als fruchtbar erwiesen. Andererseits festigt sich die Theologie der Befreiung tatsächlich unter der Bedingung, daß der Eintritt der Theologen und anderer »organischer Intellektueller« in die Volksschichten und in die Befreiungsprozesse vorangetrieben wird.

In dieser Perspektive sind, wie schon oben dargelegt, mehr und mehr Theologen auch zu Hirten geworden, die durch ihren Einsatz das kirchliche Leben an der Basis von Gesellschaft und Kirche anregten. Nicht selten können wir beobachten, wie Theologen an verwickelten wissenschaftstheoretischen Diskussionen auf Wissenschaftlerkongressen teilnehmen und bald darauf wieder zu ihren Basen im Volk samt ihren Problemen um Katechese, Gewerkschaftspolitik und Gemeinwesenorganisation zurückkehren.

Auch hier wollen wir wieder einige Namen unter vielen herausstellen: Antônio A. da Silva, Rogério de Almeida Cunha, Clodovis Boff, Hugo D'Ans, Francisco Taborda, Marcelo de Barros, Eliseu Lopes aus Brasilien; Elza Tamez und V. Araya aus Costa Rica; D. Irrazaval Carmen Llora, Riolando Ames, R. Antoncich und Hugo Echegaray aus Peru; Victor Codina aus Bolivien; Virgil Elizondo aus Texas; J. L. Caravia aus Ekuador und Laënnec Hurbon von Haiti.

Die Etappe der Systematisierung. – Jede grundsätzliche theologische Sicht tendiert mit der Zeit und aus innerer Logik dazu, eine Systematisierung zu suchen. Es war stets das Anliegen der Theologie der Befreiung, den gesamten wesentlichen Inhalt der Offenbarung und der Tradition neu zu lesen, um die diesen Quellen innewohnenden sozialen und befreienden Dimensionen freilegen zu können. Wie wir schon früher betont haben, geht es nicht darum, die Gesamtheit des Glaubensgeheimnisses auf diese Dimension zu reduzieren, sondern jene Aspekte einer größeren Wahrheit zu unterstreichen, die für unseren Kontext von Unterdrückung und Befreiung relevant sind. Im übrigen entspricht diese Systematisierung einem Erfordernis der Pastoral. In den letzten Jahren haben sich nämlich neue Bereiche des Einsatzes der Kirche für die Unterdrückten aufgetan, und viele Mitarbeiter der Pastoral sind in ihnen tätig. Verschiedene Bewegungen sind entstanden, die zu einem guten Teil von der Theologie der Befreiung inspiriert sind und diese zugleich vor neue Herausforderungen stellen. Für Brasilien sind das unter anderem: die Bewegung zur Einigung und Bewußtseinsbildung unter den Schwarzen, die Kommission für die Pastoral in Sachen Grund und Boden, der Indianische Missionsrat, die Nationale Bewegung für die Menschenrechte, die Nationale Bewegung zum Schutz der Favelabewohner, die Nationale Bewegung der marginalisierten Frau, die Bewegung der Leprösen, die Bewegung der Leute ohne festen Wohnsitz. Es ist begreiflich, daß wir es hier mit den Allerärmsten zu tun haben, die dringend nach Befreiung verlangen.

Um diesem pastoralen Druck gerecht zu werden und für die Ausbildung der Pastoralträger theoretische Hilfsmittel bereitzustellen, erarbeitet eine Gruppe von mehr als 100 katholischen Theologen, die freilich ökumenisch offen sind und denen sich auch evangelische Mitarbeiter angeschlossen haben, eine Reihe von 54 Bänden unter dem Titel »Teologia e Libertação« [Theologie und Befreiung], die in den nächsten Jahren gleichzeitig auf portugiesisch und spanisch erscheinen soll. [Die ersten Bände liegen vor.] In ihr sollen alle Grundthemen der Theologie und der Volkspastoral in der Sicht der Befreiung gebündelt werden.

Wir wollen aus dieser jüngsten Etappe keine Namen anführen, denn sie umfaßt ja auch die Theologen der früheren Wegstrecken, zu denen nun neue gestoßen sind, die sich dem großen Zuge anschließen.

Unterstützungen und Widerstände

Die Theologie der Befreiung hat sich kraft ihrer inneren Dynamik ausgebreitet, die darin besteht, daß sie den christlichen Glauben im Eingehen auf die pastoralen Bedürfnisse der Armen faßt. Treffen, Kongresse, theologische und pastorale Zeitschriften sowie die Unterstützung prophetischer Bischöfe, wie zum Beispiel Dom Hélder Câmara, Leonidas Proaño, S. Ruiz, S. Mendes Arceo, Paulo Evaristo Arns und Aloísio Lorscheider, haben dazu beigetragen, daß sie an Seriosität und Glaubwürdigkeit gewann.

Wichtig für die Verbreitung dieser Theologie und für ihre »Rezeption« durch die weltweite Theologie waren folgende Ereignisse:

Das Treffen von El Escorial vom 8. bis 15. Juli 1972 über das Thema »Christlicher Glaube und sozialer Wandel in Lateinamerika«; das erste lateinamerikanische Theologentreffen Anfang August 1975 in Mexiko-Stadt und bald darauf, vom 18. bis 24. August desselben Jahres, der erste formelle Kontakt von Befreiungstheologen mit der Schwarzen Befreiungstheologie aus den USA und anderen Befreiungsbewegungen, etwa der Frauen, der Ureinwohner usw.; die Schaffung der Ökumenischen Vereinigung von Theologen aus der Dritten Welt im Jahre 1976 mit ihren verschiedenen internationalen Kongressen (1976 in Dar Es Salam in Tansania, 1977 in Accra, der Hauptstadt von Ghana, 1979 in Wennappuwa auf Sri Lanka, 1980 in São Paulo in Brasilien, 1983 im schweizerischen Genf) – allesamt mit Ergebnissen, welche bei je eigener Akzentuierung und Charakteristik doch im Rahmen der Theologie der Befreiung ihren Platz finden; schließlich hat auch die internationale Zeitschrift »Concilium«, die in sieben Sprachen erscheint, eine ganze Nummer (Heft 6/7 des Jahres 1974) der Theologie der Befreiung gewidmet, wobei lateinamerikanische Theologen mitwirkten.

Wichtige Zeitschriften aus Lateinamerika wurden zu den gängigen Publikationsorganen für Reflexionen und Diskussionen der Befreiungstheologen. So in Mexiko »Christus«, »Servir«, »Contacto«; »SIC« in Venezuela; »Pastoral Popular« in Chile; »Páginas« in Peru; »Revista Eclesiástica Brasileira«, »Grande Sinal«, »Puebla«, »Revista de Pastoral«, »Perspectiva Teológica« in Brasilien; »ECA« und »Revista Latinoamericana de Teología« in El Salvador; »Diálogo Social« in Panama.

Zentren für theologische und pastorale Studien taten sich hervor in der Ausbildung von Mitarbeitern, die ganz von der Perspektive der Befreiung geprägt waren: ICLA (Instituo Catequístico Latino-Americano = Lateinamerikanisches Katechetisches Institut), IPLA (Instituto Pastoral Latino-Americano = Lateinamerikanisches Pastoralinstitut), OSLAM (Organización de Seminarios Latino-Americanos = Vereinigung der lateinamerikanischen Seminarien), ISPAC (Instituto Superior de Pastoral Catequética = Höheres Institut für Katechetische Pastoral), INP (Instituto Nacional de Pastoral = Nationales Pastoralinstitut), CESEP (Centro Ecumênico de Serviço à Evangelização e Educação Popular = Ökumenisches Dienstleistungszentrum für die Volksevangelisation und -bildung), IBRADES (Instituto Brasileiro de Desenvolvimento = Brasilianisches Entwicklungsinstitut) und andere mehr.

Neben dieser Entwicklung machten sich jedoch auch Bedenken und Widerstände bemerkbar: Einige fürchteten eine allzu starke Politisierung des Glaubens, andere verwarfen den Gebrauch von marxistischen Kategorien bei der Analyse der gesellschaftlichen Realität, und wieder andere mochten den tiefgehenden Veränderungen, die diese Theologie für die Strukturen der Gesellschaft forderte, nicht zustimmen. Diese negative Reaktion hat sich bekanntlich in drei Personen kristallisiert: in Alfonso López Trujillo (zu der Zeit, als er Sekretär und dann Präsident des Lateinamerikanischen Bischofsrates CELAM war), in Roger Vekemans mit seinem Institut CEDIAL und seiner Zeitschrift »Tierra Nueva« und in Bonaventura Kloppenburg, ehemals Direktor des Pastoralinstituts von Medellín und heute Weihbischof von Salvador (Bahia).

Die Haltung des Lehramts

Im allgemeinen begleitet das kirchliche Lehramt das Entstehen neuer Theologien mit Aufmerksamkeit und schreitet nur selten ein, und dann fast immer mit großer Zurückhaltung und mit diskreter Zustimmung oder Kritik.

Einen Widerhall der Theologie der Befreiung können wir schon 1971 im Schlußdokument der II. Ordentlichen Versammlung der Bischofssynode, »De iustitia in mundo«, über die Gerechtigkeit in der Welt, feststellen. Gewichtiger klingt er aus den Wortmeldungen während der III. Versammlung der Synode im Jahr 1974, als es um die »Evangelisierung in der Welt von heute« ging. Im darauffolgenden Jahr hat Papst Paul VI. in seinem außergewöhnlichen Apostolischen Schreiben »Evangelii nuntiandi« 15 Nummern dem Verhältnis zwischen Evangelisierung und Befreiung gewidmet (Nr. 25–39). Er behandelt diese Frage im Kernstück des Dokuments, wo er den Inhalt der Evangelisierung darstellt. Ohne die ganze Position des Papstes resümieren zu wollen, können wir doch sagen, daß wir hier eine der tiefsten, ausgewogensten und theologischsten Entfaltungen der Wünsche der Unterdrückten nach Befreiung vor uns haben.

Im Bereich des Lehramts ist ferner die »Instruktion der Kongregation für die Glaubenslehre über einige Aspekte der

›Theologie der Befreiung‹« hervorzuheben. Sie ist unter der Verantwortung des Präfekten und des Sekretärs der Glaubenskongregation mit Datum vom 6. August 1984 ausgefertigt und am 3. September 1984 veröffentlicht worden. Das große Verdienst dieses Dokuments besteht darin, daß es Begriff und Sache der Theologie der Befreiung legitimiert (Kapitel III) und die Christen ernsthaft vor den Risiken einer engen und unkritischen Übernahme des Marxismus als bestimmenden Prinzips bei der Ausarbeitung der Theologie gewarnt hat. Seit 1974 hat man in Rom das Thema verfolgt; es war Gegenstand zahlloser Arbeitssitzungen der Internationalen Theologenkommission. Erst 1977 hat diese Kommission unter dem Titel »Menschliche Förderung und christliche Erlösung« ihr Ergebnis publiziert. Dessen Inhalt und Problembewußtsein blieb indes unterhalb des Niveaus, das man berechtigterweise von einem so qualifizierten Gremium hätte erwarten können.

Was das Lehramt der kontinentalen lateinamerikanischen Kirche angeht, so ist die II. Generalversammlung des lateinamerikanischen Episkopats 1968 in Medellín zu erwähnen. Dort trat das Thema »Befreiung« erstmals auf, klare Konturen gewann es allerdings erst in der Zeit nach Medellín. Bei der III. Generalkonferenz in Puebla (1979) durchzieht das Thema den gesamten bischöflichen Text. Die befreiende Dimension wird als »wesentlicher Bestandteil« (Nr. 355, 1254, 1283), als »unverzichtbar« (Nr. 1270, 562), als »unersetzlich« (Nr. 1302) für den Evangelisierungsauftrag der Kirche betrachtet. Ein großer Teil des Dokuments ist der »Evangelisierung, Befreiung und Förderung des Menschen« gewidmet (Nr. 470–506), ein ganzes Kapitel handelt von der »vorrangigen Option für die Armen« (Nr. 1134–1165), der Grundachse der Theologie der Befreiung.

Schließlich ist noch hervorzuheben, daß die Äußerungen des Lehramts – sowohl des Papstes wie auch der Außerordentlichen Bischofssynode – im allgemeinen die Tendenz zeigen, die positiven Aspekte der Theologie der Befreiung anzuerkennen; das gilt insbesondere mit Bezug auf die Armen und ihre notwendige Befreiung, diesen großen Auftrag an das geschichtliche Engagement der Christen. Die Kritiken an gewissen Tendenzen innerhalb der Theologie der Befreiung, die man gewiß stets in Betracht ziehen muß, entwerten nicht den kräftigen und gesunden Kern dieser christlichen Reflexion, die die Botschaft des historischen Jesus so gut zu vergegenwärtigen weiß.

VI. Die Theologie der Befreiung im Weltpanorama

Man hat die Theologie der Befreiung schon »minderjährige Theologie« genannt. Sie ist in der Tat jung: kaum älter als 15 Jahre. Dennoch ist sie schon unleugbar auf Weltebene präsent. Im folgenden wollen wir mit raschen Pinselstrichen diese Präsenz in drei Bereichen, dem theologischen, dem der institutionellen Kirche sowie dem gesellschaftlichen und politischen, skizzieren.

**Theologischer Bereich:
eine dynamische und anregende Theologie**

Unter den heutigen theologischen Strömungen in den Kirchen erscheint die Theologie der Befreiung zweifellos als besonders dynamisch. Diese Lebendigkeit hat ihre Ursache viel eher in dem popular geprägten kirchlichen und gesellschaftlichen Prozeß, dem diese Theologie verbunden ist, als in letzterer selbst. Da sie eine lebendige und konkrete Thematik zur Sprache bringen, werden die Schriften der Befreiungstheologen von weiten Kreisen gelesen, besonders von den Trägern der Volksarbeit.

Wir beziehen uns hier direkt auf die professionelle Theologie der Befreiung, auf ihre Ausstrahlung im eigentlich theologischen Bereich, und lassen vorderhand ihre populare und pastorale Ausprägung außer acht. In diesem Sinne ist festzustellen, daß die Theologie der Befreiung in starkem Maße in verschiedenen theologischen Instituten und Seminarien und in vielen Zentren für die Pastoralausbildung präsent ist und die pastorale Praxis zahlloser lokaler, ja sogar nationaler Kirchen beeinflußt.

Wir wollen rasch schauen, wie die Theologie der Befreiung innerhalb dieses weiten theologischen Feldes zu stehen kommt – in der Dritten, in der Ersten und in der Zweiten Welt.

a) In der Dritten Welt. – Zweifellos hat die Theologie der Befreiung in Lateinamerika und in der Karibik größere Ausstrahlungskraft, so daß man sie schon mit dem Ausdruck »lateinamerikanische Theologie« belegt hat. Das ist verständlich: Sie ist ja hier entstanden und fand den nährreichen Humus eines tief christlichen und unterdrückten Volkes und einer Kirche, die mit diesem Volk den Weg zu seiner Befreiung zu beschreiten sucht.

Die Stärke der Theologie der Befreiung ist auf unserem Kontinent von Land zu Land unterschiedlich, wenn sie auch überall vertreten ist. In einigen Ländern ist sie weniger, in anderen mehr präsent (so in Peru, Brasilien, Chile, Mexiko, Mittelamerika).

Die CLAR (Confederación Latino-Americana de Religiosos = Lateinamerikanische Vereinigung der Ordensleute) markiert einen Raum, in dem die großen Intuitionen der Theologie der Befreiung, vor allem gerade hinsichtlich des Ordenslebens, eindrucksvoll verarbeitet und gelebt werden. Gleiches gilt für viele nationale Religiosenkonferenzen, insbesondere die von Brasilien (CRB = Conferência de Religiosos do Brasil).

In der Reihe der kulturellen Institutionen, die mit der Grundausrichtung der Theologie der Befreiung zusammenstimmen, müssen wir noch drei weitere erwähnen: die CEHILA (Comisión de Estudios de Historia de la Iglesia en América Latina = Kommission zur Erforschung der Geschichte der Kirche in Lateinamerika), das CEBI (Centro de Estudos Bíblicos = Zentrum für biblische Studien) und das CESEP (Centro Ecumênico de Serviço à Evangelização e Educação Popular = Ökumenisches Dienstleistungszentrum für die Volksevangelisation und -bildung).

Die CEHILA schreibt derzeit die gesamte Geschichte Lateinamerikas neu, und zwar aus der Sicht der Armen oder, anders gesagt, mit dem Verständnisschlüssel »Befreiung«. Verschiedene Bände dieses umfangreichen Projekts liegen bereits vor.

Das CEBI seinerseits fördert Studien, Kurse und Publikationen, die einer befreienden und popularen Neulektüre der Bibel gewidmet sind. Es verfügt über ein Netz von 15 Zentren an der Basis im Volk, verteilt über mehrere Regionen Brasiliens. Sein Ziel ist es, die Lektüre der Bibel unter dem Volk und in der Sicht des Volkes zu beleben und »populare Exegeten«, Exegeten aus dem Volk und für das Volk, heranzubilden. Augenblicklich ist die Publikation eines popularen Kommentars zur ganzen Bibel im Gange.

Das CESEP ist eine ökumenische Institution, die qualifizierte Mitarbeiter aus ganz Lateinamerika und der Karibik im Sinne der Pastoral der Befreiung ausbildet. Auch andere ökumenische Organisationen sind vom Geist der Theologie der Befreiung inspiriert, beispielsweise das CEDI (Centro Ecumênico de Divulgação e Informação = Ökumenisches Zentrum für Verbreitung und Information) in Brasilien, ISAL (Iglesia y Sociedad en América Latina = Kirche und Gesellschaft in Lateinamerika) und andere.

Wir müßten hier noch weitere religiöse Institutionen anführen, wie etwa die katholischen Verlagshäuser (Vozes, Paulinas, Loyola, DEI, CRT usw.), die Schriften zur Theologie der Befreiung produzieren und vertreiben. *In* und *mit* all diesen Einrichtungen entwickelt sich unsere Theologie, indem sie sie befruchtet und von ihnen befruchtet wird.

Was die Hauptlinien der lateinamerikanischen und karibischen Theologie angeht, so muß man sagen, daß sie das Problem des Armen im sozio-ökonomischen Sinne und der politischen Kämpfe um seine gesellschaftliche Befreiung in den Vordergrund stellen. Doch diese Perspektive ist in Erweiterung begriffen – dank dem Dialog mit den Schwester-Theologien vor allem Afrikas und Asiens, die, wie wir gleich sehen werden, unterschiedliche, immer aber ergänzende Schwerpunkte setzen.

Zum Schluß dieses Abschnitts über die Theologie der Befreiung in Lateinamerika bleibt festzuhalten, daß sich die Theologen dieses Kontinents in einer mehr als 100 Mitglieder umfassenden Großgruppe zusammengefunden haben. Zur Zeit arbeiten sie an dem ersten Systematisierungsversuch lateinamerikanischer Theologie, den sie noch in diesem Jahrzehnt abschließen wollen. Wir sprachen schon davon.

Afrika besitzt eine Theologie der Befreiung, die sich aus eigenen Quellen speist. Seit dem II. Vaticanum, ja sogar schon früher haben afrikanische Theologen über die notwendige Inkulturation des Glaubens und der Kirche im afrikanischen Kontinent nachgedacht. Die Begegnung mit der lateinamerikanischen Theologie hat lediglich dazu beigetragen, ein autochthones, eigenwüchsiges, bereits in Entfaltung begriffenes Denken anzureichern. In Ländern wie Zaire, Tansania, Ghana und Südafrika ist die afrikanische Befreiungstheologie schon fest verwurzelt.

Im zuletzt genannten Land kommt der Schwarzen Theologie der Befreiung und der »Kontextuellen Theologie« eine besondere Bedeutung zu. Beide sind nämlich leidenschaftlich im Kampf gegen die Apartheid engagiert. Sie stehen im Dialog mit der Schwarzen Theologie der Befreiung in den Vereinigten Staaten und mit der lateinamerikanischen Theologie. Diese hat durch den nachdrücklichen Aufruf, der von der afrikanischen Theologie ausging, viel gewonnen: sie denkt nun gründlicher über die Phänomene der Kultur und der Rasse nach.

Auch in Asien ist eine eigenständige Befreiungsreflexion im Gange, insbesondere in Indien, in Korea, auf den Philippinen und Sri Lanka sowie in Pakistan. Diese theologischen Bemühungen zeichnen sich dadurch aus, daß sie vom Christentum her in einen fruchtbaren Dialog mit den großen Religionen ihrer Weltregion eintreten; sein Ziel ist es, deren gewaltiges gesellschaftlich befreiendes Potential freizulegen und zu wecken.

Die asiatische Theologie hat sich, vor allem zu Anfang, an

der Theologie Lateinamerikas inspiriert und beschenkt nun ihrerseits diese mit ihrer tiefen Sensibilität für das so reiche Phänomen der orientalischen Massenreligionen und mit ihrer kraftvollen mystischen Energie.

Schließlich sollte man auch noch erwähnen, daß die Theologen aus der Dritten Welt, die der Leitlinie der Befreiung – in einem natürlich sehr offen Verständnis: als ökonomische, kulturelle, rassische, sexuelle Befreiung usw. – verpflichtet sind, sich seit 1976 in der Vereinigung der Theologen der Dritten Welt (EATWOT) zusammengeschlossen haben. Sie umfaßt Hunderte von Mitgliedern und hat schon fünf internationale theologische Kongresse organisiert.

b) In der Ersten Welt. – Die Theologen der Ersten Welt sind ihrerseits aufmerksam geworden für die Auseinandersetzung des christlichen Glaubens mit den spezifischen Widersprüchen der sogenannten fortgeschrittenen Gesellschaften. So hat sich in den Vereinigten Staaten die Schwarze Theologie der Befreiung gebildet, die sich im Kampf der Schwarzen dieses Landes um die Bürgerrechte ernsthaft engagiert.

Unter dem besonderen Einfluß der lateinamerikanischen Theologie wächst in Europa eine europäische Theologie der Befreiung heran, die insbesondere in Spanien lebendig ist. Sie bearbeitet die Frage der Verantwortung der Ersten gegenüber der Dritten Welt und das Problem der »neuen Armen« in der fortgeschrittenen Industriegesellschaft: der drogenabhängigen Jugendlichen, der alten Menschen in Rente, der Gastarbeiter usw. Hinzu kommen Theologien, die der Ökologie- und der Friedensbewegung nahestehen.

In der ganzen Ersten Welt ist der Einfluß der feministischen Befreiungstheologie spürbar, die natürlich von Theologinnen entwickelt wird. Diese Theologie begreift, daß die Frauenbefreiung eine wesentliche Dimension der umfassenden Befreiung ist, und wird sich der bestehenden engen Verbindung zwischen sexueller und ökonomischer Unterdrückung und damit auch der politischen Kraft einer feministischen Bewegung von popularem und klassenbewußtem Gehalt immer deutlicher bewußt. Außerdem geht es ihr darum, machistische Akzente der traditionellen Theologie zu überwinden und das Ganze des Glaubens auch aus der weiblichen Sicht zu denken.

Ferner ist zu bemerken, daß die Theologie der Befreiung in wachsendem Maß in den unterentwickelten Enklaven der Ersten Welt präsent ist, wie zum Beispiel unter den 30 Millionen Lateinamerikanern, die in den USA leben.

Allgemein betrachtet, zeigt die lateinamerikanische Theologie eine immer stärkere Durchschlagskraft in theologischen, kirchlichen und kulturellen Kreisen der Ersten Welt: vermittels der Übersetzungen ihrer Schriften und der Diskussionen, die sie bei Kongressen und in kulturellen Einrichtungen hervorruft. Symptomatisch dafür ist die Tatsache, daß junge Doktoranden an berühmten europäischen Universitäten wie Löwen, Paris, Salamanca, Rom, Tübingen und Münster in ihren Dissertationen gerade Themen behandeln, die mit der Problematik der Theologie der Befreiung zusammenhängen.

c) In der Zweiten Welt bzw. im sozialistischen Block. – Man weiß wenig über den Stand des theologischen Denkens in dieser Welt und noch weniger darüber, was mögliche Entwicklungen oder Einflüsse im Sinne der Theologie der Befreiung angeht.

Nur selten hören wir ein Echo. Zum Beispiel das des orthodoxen Bischofs Filaret aus der Sowjetunion, der anläßlich der römischen Instruktion über die Theologie der Befreiung meinte, Rom fürchte sich vor dieser Theologie, weil es sich vor dem Sozialismus fürchte.

Wir wissen immerhin auch, daß sich schon im Januar 1979 70 Theologen aus sozialistischen Ländern in Matanzas (auf Kuba) trafen, um mit Theologen aus Lateinamerika über die sozialen Verpflichtungen des christlichen Glaubens angesichts der Herausforderungen unserer Zeit nachzudenken.

Am Ende dieses Teils sollten wir sagen, daß die Theologie der Befreiung nicht nur in das Feld der universalen, weltweiten Theologie vordringt, sondern mehr noch diese für ihre eigene Berufung sensibel macht, den Glauben in der Geschichte zu denken. Somit handelt es sich hier nicht so sehr um eine theologische Strömung, die andere beeinflußt oder gar ihrerseits »kolonisiert«, ja nicht einmal um eine Teil-Theologie, die mit anderen Teil-Theologien im Rahmen eines vagen »theologischen Pluralismus« den Dialog pflegt. Es geht vielmehr um eine Bewegung der gesamten Theologie, die, wenn auch in unterschiedlichen Verdichtungen, alle Theologien befruchtet und durchsäuert. Um es in einer Kurzformel zu sagen: Die Theologie der Befreiung ist nicht *eine Bewegung der Theologie,* sondern *die Theologie in Bewegung.* Die lateinamerikanische Theologie ist weniger der Brennpunkt oder die Quelle, von wo aus die Theologie der Befreiung ausstrahlt, sondern schlicht ein bescheidener Katalysator und ein relativer Verstärker dieser weltweiten Strömung. Und doch kann die Theologie der Befreiung, mag sie auch in ihrer Grundinspiration von der gesamten Theologie aufgenommen werden, nur als eine Teilströmung mit einer bestimmten Benennung, mit entsprechender Abgrenzung gegenüber anderen Strömungen und mit programmatischem Charakter erscheinen. Selbst so aber bleibt sie offen für jede Theologie und weiß, daß ihr Endzweck darin besteht, daß sie als Teil-Theologie verschwindet, um einfach Theologie zu werden.

Bereich der kirchlichen Institution: eine Theologie, die Kirche schafft

Hier fragen wir uns nach dem Raum, den die Theologie der Befreiung innerhalb der kirchlich-institutionellen Welt einnimmt. Wir schauen dabei von der höchsten Ebene der Kirche bis zu ihrer Basis.

a) Auf der Ebene der Weltkirche. – Die Thematik der Theologie der Befreiung ist in Lateinamerika aufgebrochen und hat in kurzer Zeit die höchste Spitze der katholischen Kirche erreicht, insbesondere anläßlich und ausgehend von der Synode von 1974, wie wir im vorausgegangenen Kapitel des näheren dargelegt haben. Heute läßt sich feststellen, daß die Sprache der Armen und der Befreiung die Äußerungen des Papstes und des Lehramts im allgemeinen durchzieht.

Das Dokument des Heiligen Stuhls über die Theologie der Befreiung rief einen Boom dieser Theologie in der Weltöffentlichkeit hervor und zeigte das Aufbrechen ihrer Thematik auf der Ebene der Weltkirche an. Die Fälle von Leonardo Boff und Gustavo Gutiérrez, die in den höchsten kirchlichen Sphären verhandelt wurden, trugen dazu bei, das Interesse für diese Theologie noch weiter zu verbreiten.

Auch andere christliche Kirchen traten in die Diskussion um die Theologie der Befreiung ein, so etwa der angesehene Weltrat der Kirchen, dessen Überlegungen schon seit geraumer Zeit Verwandtschaft mit dieser Theologie zeigen.

So ist die Theologie der Befreiung keineswegs mehr eine nur regionale Theologie; mehr und mehr wird sie zu einer universalen oder wahrhaft »ökumenischen« und »katholischen« Theologie.

b) Auf der Ebene der Regionalkirchen. – Wie wir im vorigen Kapitel zeigten, nahm sich der lateinamerikanische Episkopat seit Medellín der Thematik der Befreiung an, so daß sie heute in mehr oder weniger hohem Grade die Bereiche von Homiletik, Liturgie, Katechese, Gebet, ja sogar der literarischen und künstlerischen Gestaltung prägt.

Man muß allerdings auch sagen, daß der CELAM in der Zeit nach Medellín seine Schwierigkeiten damit hatte, sich in den Strom dieser Richtung einzugliedern und ihr Projekt zu verstehen. Wie schon gesagt, fehlte und fehlt es nicht an geschlossenen Abwehrfronten gegen sie.

In den nationalen Kirchen ist die Situation unterschiedlich: Es gibt Episkopate, die der Theologie der Befreiung Widerstand entgegensetzen; andere verhalten sich unentschlossen, und wieder andere sehen sie mit Sympathie, gepaart mit wohlwollender Kritik, und übernehmen ihre wertvollsten Beiträge. Man kann ohne Übertreibung sagen, daß die Theologie der Befreiung in Brasilien sich in tiefer geistlicher Verwandtschaft zur prophetischen Linie der Bischofskonferenz (CNBB) weiß.

c) Auf der Ebene der Basiskirchen. – Hier ist die Theologie der Befreiung am deutlichsten gegenwärtig und lebendig. Sie ist dorthin nicht eingedrungen, denn den christlichen Gemeinden braucht man Theologie nicht von außen nach innen oder von oben nach unten zu bringen. Es sind die Gemeinden selbst, die in ihren Hirten und in ihren Basisgruppen ihren Glauben als Schlüssel zur Befreiung zuerst reflektieren. Der Beitrag der professionellen Theologie der Befreiung bestand eigentlich nur darin, die theologisch-befreiende Reflexion der Hirten und Gläubigen anzuregen oder im äußersten Falle zu wecken.

Unzweifelhaft jedoch ist die Theologie der Befreiung auf all ihren Ebenen jenes Denken über den Glauben, das die pastorale Praxis und das christliche Leben der Kirchen im allgemeinen auf besonders lebendige und bereichernde Weise belehrt und beseelt.

Wir konnten schon erwähnen, daß auf das nachdrückliche Ersuchen von Bischöfen, Ordensleuten und Laien hin die Befreiungstheologen als Berater an den Pastoralversammlungen, den Generalkapiteln der Kongregationen, den nationalen oder regionalen Treffen der verschiedenen Spielarten der »Sozialpastoral« (betreffend Grund und Boden, Indianermission, Favelabewohner, Schwarze, marginalisierte Frauen usw.) teilnahmen, so daß man sagen kann: die Theologie treibt ebenso die Pastoral voran, wie die Pastoral die Theologie in Schwung hält.

Gesellschaftlicher und politischer Bereich: eine öffentliche und prophetische Theologie

Die Theologie der Befreiung überschreitet die Grenzen der Kirche. Heute ist sie ein Bestandteil des öffentlichen Lebens. Warum das? Weil sie Fragen anpackt, die die ganze Gesellschaft betreffen. Wir wollen das für die Ebene der Zivilgesellschaft und der politischen Gesellschaft näher beschreiben.

a) Auf der Ebene der Zivilgesellschaft. – Dank dem Dokument der Glaubenskongregation über die Theologie der Befreiung ist das ohnehin bestehende breite und wachsende Interesse der Öffentlichkeit an dieser Theologie noch weiter gestiegen.

Heutzutage ist die Theologie der Befreiung den Kommunikationsmitteln durchaus eine Nachricht wert. Sie wird an den Universitäten, in den Gewerkschaften und in anderen kulturellen und politischen Institutionen diskutiert. Man spricht über sie in den Familien, in den Kneipen, an den Straßenecken, so daß wir geradezu an die theologischen Diskussionen in der Alten Kirche denken müssen, in die das Volk sich massenhaft und voll Leidenschaft verwickelt sah.

b) Die Ebene der politischen Gesellschaft. – Aufgrund der politischen Implikationen eines befreienden Christentums stand so manche Regierung vor der Notwendigkeit, gegenüber der Theologie der Befreiung Stellung zu beziehen, die dieses Christentum ja denkend unterstützt.

Schon Rockefeller, den Präsident Nixon 1969 nach Lateinamerika geschickt hatte, erklärte in seinem Bericht, die Kirche des Kontinents verwandle sich in eine Kraft, die der notfalls auch revolutionären Veränderung geneigt sei. Zu einer ähnlichen Schlußfolgerung gelangte 1972 der Bericht der RAND Corporation, der auf Veranlassung des State Department der Vereinigten Staaten angefertigt worden war.

Am weitesten bekannt ist das Dokument von Santa Fé, das durch die Berater von Präsident Reagen erarbeitet und 1982 veröffentlicht wurde. Darin wird ausdrücklich bekräftigt, daß die amerikanische Außenpolitik den Gegenangriff (und nicht nur die Reaktion) auf die Theologie der Befreiung beginnen müsse. Als Konsequenz dieses Beschlusses wurde in den USA das »Institut Religion und Demokratie« (IRD) gegründet. Sein Ziel ist unter anderem, einen ideologischen Krieg gegen die lateinamerikanische Theologie der Befreiung zu eröffnen. Ein katholischer Theologe aus diesem Institut meinte: »Die Ereignisse im Iran und in Nicaragua haben den Analytikern des politischen Geschehens vor Augen geführt, daß es gefährlich ist, wenn sie in ihrem Kalkül den religiösen Faktor, insbesondere die Ideen der Theologen, außer acht lassen.«

Was die lateinamerikanischen Regierungen angeht, ist Enrique Dussel zu der Feststellung gelangt, die Befreiungstheologen seien für sie gefährlicher als die militanten Kommunisten. Und der große deutsche Theologe Karl Rahner hat ebenso wie Gustavo Gutiérrez erklärt, heute in Lateinamerika Befreiungstheologe zu sein heiße, Kandidat für das Martyrium zu sein.

Was den sozialistischen Block betrifft, haben wir nur wenige Informationen. Man weiß vor allem, daß sich Mitglieder der Moskauer Akademie der Wissenschaften schon mit Interesse dem Phänomen der neuen lateinamerikanischen Theologie zugewandt haben.

Eine Notiz ist auch die Aufmerksamkeit wert, die Fidel Castro für die politische und ethische Bedeutung der Theologie der Befreiung auf unserem Kontinent zeigt; er beobachtet, daß dem Diskurs dieser Theologie eine viel größere Überzeugungskraft innewohnt als dem marxistischen, und so liest und diskutiert er gegenwärtig die Werke ihrer wichtigsten Autoren.

Hinsichtlich der marxistischen Aktionsgruppen in Lateinamerika und in der Welt insgesamt brauchen wir hier nur zu sagen, daß die Theologie der Befreiung dreierlei gezeigt hat:

Der Marxismus hat nicht mehr das Monopol auf eine historische Umgestaltung, denn auch die Christen fordern sie im Namen ihres eigenen Glaubens, und sie tun das ohne Konkurrenzdenken und ohne Polemik;

der christliche Aufruf zum gesellschaftlichen Engagement findet vornehmlich Widerhall bei den religiös aufgeschlossenen Massen Lateinamerikas und zeigt eine Kraft der Kommunikation, deren die bekannten revolutionären Ideologien mehr und mehr verlustig gehen;

der christliche Glaube macht sich unwiderruflich frei vom Joch des Kapitalismus, und dieser kann nicht mehr auf die Kirche als einen seiner ideologischen Stützpfeiler zählen – im Gegenteil, sie überrascht ihn durch Frontalangriffe, die aus dem Innersten des Glaubens selbst hervorbrechen.

Mit den Worten eines hervorragenden Intellektuellen und politisch denkenden italienischen Katholiken möchten wir abschließend sagen, daß die Theologie der Befreiung die überzeugendste Widerlegung des modernen Atheismus ist, denn sie hat aufgrund der Praxis gezeigt, daß Gott der Ursprung des sozialen Einsatzes und nicht der historischen Entfremdung ist.

Die historische Bedeutung der Theologie der Befreiung

Aus allem, was wir oben dargelegt haben, treten einige Bedeutungen hervor, die den eigentlichen theologischen Bereich überschreiten und das Menschsein selbst betreffen.

1. Die Theologie der Befreiung stellt die erste Theologie von der Peripherie dar; sie ist erarbeitet im Ausgang von den Fragen, die von der Peripherie gestellt werden, hat aber eine universale Ausrichtung. Sie ist der artikulierte Schrei der Unterdrückten, der neuen Barbaren, die die Grenzen um das Reich des Überflusses der Nationen im Zentrum berennen und von diesen Menschlichkeit, Solidarität und die Chance

zu einem Leben in Würde und Frieden einfordern; dieses ihr Ziel läßt sich heute nur begreifen als Ergebnis eines beschwerlichen Prozesses der Befreiung, zu dem der christliche Glaube seinen Beitrag leisten möchte.

2. Die Theologie der Befreiung bringt Fragen auf die Tagesordnung, die das Menschliche jenseits seiner ideologischen Färbung und seiner religiösen Zugehörigkeit betreffen. Die Probleme der Millionen und Abermillionen von Armen, der internationalen Gerechtigkeit, der Zukunft für das Leben der Verdammten dieser Erde – sie gehen alle an, die noch ein Minimum an Menschlichkeit ihr eigen nennen.

3. Die Theologie der Befreiung enthält einen prophetischen Schrei in sich, denn sie klagt die Ursachen an, die Unterdrückung hervorbringen, und öffnet die Schleusen für einen Strom der Großmut, die die entmenschlichenden Beziehungen überwindet und an der Freiheit für alle baut.

4. Die Theologie der Befreiung zeigt sich in Zeitgenossenschaft zum geschichtlichen Augenblick; sie schließt sich nicht ab in einer theoretischen Splendid isolation, sondern steigt hinab auf das Feld des Lebens, wo das Menschenschicksal auf dem Spiele steht, sie nimmt sich der Sache der Allerletzten an und fürchtet sich nicht vor zerreißenden Konflikten in ihrem Ringen um die Sicherstellung eines Lebens in einem Minimum an Würde.

5. Die Theologie der Befreiung erlegt dem Theologen auf, die konkrete Praxis, die realen Probleme der Existenz und der Glaubensgemeinschaft zu bedenken und nicht nur die klassischen, durch die theologische Tradition längst geheiligten Themen zu behandeln. Aufgrund dessen muß sie dynamisch sein und sich gegen unausgegorene Synthesen und künstliche Systematisierungen wehren.

6. Die Theologie der Befreiung verleiht dem Evangelium neue Glaubwürdigkeit, denn sie bringt eine Atmosphäre der Freude mit sich, die aus dem Opfer zugunsten der Schwächsten und aus der göttlichen Verheißung von Gerechtigkeit für die Armen und von Leben für die Hilflosen erwächst. Sie ist

ihrem Wesen nach eine populare Theologie, denn das Volk der Unterdrückten ist ihr bevorzugter Adressat, der im allgemeinen ihre Sprache versteht und ihre Vorschläge annimmt. In der Theologie der Befreiung bleibt die Utopie Jesu Christi von einer zärtlichen und brüderlichen Welt, der möglichen Wohnstatt Gottes unter den Menschen, lebendig.

7. Die Theologie der Befreiung will die Dienerin des Glaubens sein, der, beseelt durch die Hoffnung, in der Liebe wirksam wird. Und darum unterwirft sie sich dem Kriterium jeder wahren Theologie, wie es die großen Theologen Augustinus und Thomas von Aquin unermüdlich wiederholen: »Dieser Wissenschaft wird nur das zugeteilt, durch das der heilbringende und befreiende Glaube gezeugt, genährt, verteidigt und gestärkt wird« (De trinitate 14,1; Summa theologiae I q.1, a.2).

VII. Von den Unterdrückten aus: eine neue Menschheit

Befreiung – ihre erweckende Macht

Befreiung – »die mächtige und gleichsam unwiderstehliche Sehnsucht der Völker« und »eines der wichtigsten Zeichen der Zeit« (Instruktion »Libertatis nuntius« der Glaubenskongregation vom 6. August 1984, Nr. 1) – das ist das Wort, das unsere Epoche, die Tage, die wir erleben, bestimmt. Der moderne Mensch ist auf der Suche nach Befreiung, nach einem befreiten Leben, das den Armen durch die schlichten Sakramente des Brotes, eines Hauses, der Gesundheit, des Friedens vermittelt wird.

Befreiung – ein »evangelischer« Begriff in dem ursprünglichen Sinn dieses Wortes, der »Frohe Botschaft«, »Gute Nachricht« meint. Die biblischen Propheten sprachen von »shalom«, und das heißt Sicherheit, Versöhnung, Fülle, Frieden. Jesus von Nazaret seinerseits sprach vom »Reich« als von der absoluten Aufhebung des Entfremdungszustands, der totalen Revolution und der höchsten Form von Leben, die Gott selbst will. Befreiung möchte ebenso machtvoll zu den Menschen sprechen, sie bezaubern und faszinieren, wie es die ursprüngliche Frohe Botschaft Jesu tat. Sie will seine Flamme neu anfachen und das Feuer ausbreiten, das er auf die Erde gebracht hat (vgl. Lk 12,49).

Befreiung – ein erweckendes Wort voll Widerhall. In ihm verschmelzen, ohne sich freilich zu vermengen, die Horizonte des Spirituellen und des Politischen, des Geschichtlichen und des Metageschichtlichen. Ein offenes Wort – offen nach oben, für die göttliche Transzendenz, und offen nach unten, für die Immanenz der Welt. Ein beschwingtes und ein schweres Wort zugleich. Es ist mit ihm wie mit der Idee vom Reich, die Jesus von Nazaret hegte und in der in bruchloser Einheit die Erlösung des ganzen Menschen und seiner Welt zum Ausdruck kam.

Befreiung – ein Wort, das heute das Programm einer Theologie benennt, die einen wachen Glauben denkt, die die Bürde der »Opiums-Religion« abgeschüttelt hat und einen nicht entfremdeten Glauben will: den Sauerteig einer neuen Geschichte.

Befreiung – eine Aufforderung an die Theologien

Im weiteren Horizont der umfassenden – menschlichen und göttlichen – Befreiung bedenkt also die Theologie der Befreiung als epochale und kontextuelle Theologie heute die Frage der sozialen und historischen Befreiung. Und genau darauf setzt sie den Akzent; dies ist der Sinn, den sie explizit macht. Sie verortet die historische Befreiung als ein Moment im großen Prozeß der totalen Befreiung.

Die soziale Befreiung hat Vorrang nicht vor der integralen, der umfassenden Befreiung, sondern vor den anderen Momenten dieser umfassenden Befreiung: der individuellen und der eschatologischen Dimension. Es heißt also eine schiefe Beziehung zu konstruieren, wenn man politische Befreiung und christliche Befreiung einander entgegenstellt, denn jene ist eine Dimension von dieser.

Daher beansprucht die heutige Theologie der Befreiung nicht, eine absolute Theologie von Ewigkeitswert und beständiger Dauer zu sein. Sie sucht und erhofft ja die Überwindung der Armut und der Unterdrückung, die sie heute bedenkt. Sie ist also ganz entschieden eine epochale, eine historische Theologie. Damit ist folgendes gemeint: Ihre Geltung ist zwar nicht über-geschichtlich, trans-historisch, aber auch nicht bloß konjunkturell und damit modisch, sondern deckt genau eine historische Epoche ab, und diese zählt nach Jahrzehnten und Jahrhunderten.

Andererseits ist sie keine Teil-Theologie, kein zusätzlicher theologischer Traktat neben so vielen anderen. Sie ist die gesamte Theologie, in heutiger Zeit gedacht. Daraus folgt, daß die Thematik der Befreiung das gesamte Gebäude der theologischen Problemstellung durchzieht und die historisch-befreiende Dimension eines jeden Traktats herausarbeitet, wie wir im Kapitel IV., »Schlüsselthemen der Theologie der Befreiung«, gesehen haben.

Ebendarum geht von der Theologie der Befreiung an jeden Theologen in der Ersten, Zweiten oder Dritten Welt eine Aufforderung aus, die gesellschaftlich-befreiende Dimension des Glaubens zum Thema zu machen. Und dies ist eine endgültige Aufforderung. Wenn die Theologie als ganze diese Überzeugung aufnimmt und sie zu ihrer eigenen macht, dann kann die Bezeichnung »Theologie der Befreiung« verschwinden, denn dann werden alle Theologien, je auf ihre Weise, Befreiungstheologien sein; anderenfalls werden sie überhaupt keine christlichen Theologien mehr sein.

Befreiung – das Banner einer neuen Gesellschaft

Einstweilen flattert das Banner der Theologie der Befreiung, fest eingepflanzt in biblischen Boden, weiterhin im Wind der Geschichte.

Es signalisiert, daß sich die Geschichte des Glaubens heute auf eine dritte große Epoche, die Epoche des Aufbaus, der Konstruktion, hin öffnet.

In der vergangenen Geschichte hat ja der Glaube zunächst eine Funktion des Widerspruchs, der *Kon-testation,* innegehabt. Das war in den ersten Jahrhunderten des Christentums, zur Zeit der Kirche der Apostel, Martyrer und Jungfrauen. Seit der großen Konstantinischen Epoche spielte der Glaube die Rolle der Bewahrung, der *Kon-servation* der gesellschaftlichen Ordnung, indem er den Status quo heiligte und mit den Mächten dieser Welt zusammenarbeitete.

Heute übernimmt der Glaube entschlossen die Funktion des Aufbaus, der *Kon-struktion,* indem er der herrschenden Ordnung widerstreitet – und darin bezieht er sich auf die Urkirche –, aber zugleich weiter geht und sich zu seiner historischen Verantwortung bekennt, das heißt zu der Aufgabe, die Gesellschaft mit der Utopie des Reiches in Einklang zu bringen.

Infolgedessen brennt die Theologie der Befreiung auf eine neue Gesellschaft schon in dieser Welt und kämpft um eine Alternative zur kapitalistischen Gesellschaft, aber eine wirkliche Alternative, die darum auch über die realen Sozialismen hinausgeht – in Richtung auf das, was eigentlich an Entwurf und Möglichkeit in ihnen steckt und was in der Tradition des Glaubens hörbar anklingt.

Die Theologie der Befreiung erkennt, daß auf dem einzigen christlichen und unterdrückten Kontinent der Welt der Glaube nicht die Chance verspielen darf, in der Geschichte ein Wort mitzureden, und daß er nicht von neuem auf die Wege verfallen darf, die die Gesellschaften schon eingeschlagen haben und von denen man weiß, wohin sie führen.

Von der absoluten Utopie des Reiches her kann der Glaube dazu beitragen, neue Wege zu einer neuen Gesellschaft zu weisen – zu einer Alternative *zum* Kapitalismus und einer Alternative *von* Sozialismus, zu einer Gesellschaft, die erfüllter und menschlicher, die freier und befreiter ist, mit einem Wort: zu einer Gesellschaft von Freigelassenen. Doch die Theologie der Befreiung weiß, daß dieses Ziel den Einsatz im Prozeß verlangt.

Der Traum von einer Gesellschaft von Freigelassenen

Die Theologie der Befreiung hat als Ursprung eine Spiritualität und als Endziel einen Traum: die Gesellschaft der Freigelassenen. Ohne einen Traum nach vorn und nach oben gibt es keine Menschen, die sich aufmachen zur Umgestaltung, und keine Gesellschaft, die ihre Grundlagen erneuert. Die Christen glauben, daß der Traum zur Wirklichkeit als ganzer gehört, denn sie sehen ihn schon antizipatorisch in Jesus Christus verwirklicht, der in seiner Person die neue Menschheit geschaffen hat (vgl. Eph 2,15). Wir wollen nun die wichtigsten Merkmale jener Leute umreißen, die schon jetzt den Traum von dieser Gesellschaft von Freigelassenen voranbringen. Der Mensch, um den es dabei geht, erscheint als:

1. Solidarischer Mensch. – Dieser gute Samaritan beugt sich über die Gefallenen und hilft ihnen aufzustehen; es gibt keinen Befreiungskampf, der nicht auch sein Kampf wäre; er hat einen Blick für die verschiedensten Formen der Unterstützung, ja der Identifikation – mit allen, oft schwerwiegenden Konsequenzen, die sich daraus ergeben.

2. Prophetischer Mensch. – Mit kritischer Klarsicht klagt er die Mechanismen an, die Unterdrückung verursachen, deckt die Interessen auf, die sich hinter den Plänen der herrschenden Gruppen verbergen, sagt in Wort und Tat das Ideal einer Gesellschaft von Brüdern und Gleichgestellten an und verschachert niemals die Wahrheit.

3. Engagierter Mensch. – Handeln, das vom rechten Verständnis geleitet ist, vermag die Wirklichkeit zu verändern. Darum ist der Einsatz Seite an Seite mit den Unterdrückten für ihre Befreiung nur dann dieses Namens würdig, wenn er sich auf einem gemeinsamen Wege mit anderen vollzieht, die den gleichen Traum teilen, in ihn ihre Energien investieren und für ihn großmütig ihr Leben aufwenden.

4. Freier Mensch. – Er sucht die Freiheit *von* den Schemata und Illusionen, die das System verhängt, weil er frei sein will, gemeinsam mit anderen angemessenere Formen von Leben, Arbeit, Christsein zu schaffen; er müht sich, frei zu sein *von* sich selbst, um freier und verfügbarer *für* die anderen zu werden, ja selbst bereit zu sterben – zum Zeugnis für die Gerechtigkeit des Gottesreiches, das Geschichte wird im edlen Kampf der Unterdrückten für Würde, Recht und Leben.

5. Heiterer Mensch. – Die feste Entscheidung zugunsten der Armen und für ihre Befreiung ruft Konflikte hervor. Das Bemühen, den evangeliumsgemäßen Aufstand im eigenen Innern, in den Strukturen der Gesellschaft und im Raum der Kirche zu vollziehen, schafft oft Spannungen und schmerzli-

che Brüche. Wenn einer solche Situationen in Heiterkeit als Preis für die umfassende Befreiung annimmt, ist das ein Zeichen für seine Reife und ein Merkmal für den Geist der Seligpreisungen, wie es so viele Christen aufweisen, die an der Seite des Volkes engagiert sind.

6. Kontemplativer Mensch. – Trotz allen Kampfes verliert er nicht den Sinn für das Gnadenhafte, für den besonderen Wert jeder Dimension des menschlichen Lebens, wie etwa von Liebe, Feier, Fest und brüderlichem Zusammenleben. Wie Jesus kann er sich zurückziehen, um ledigen Herzens zu beten und die Gegenwart Gottes in der Geschichte der Menschen, insbesondere in den Kämpfen und im Widerstand der Demütigen, zu betrachten. Er achtet ebensosehr die Zärtlichkeit des Kindes wie den Mut des Kämpfers, und ohne Unterwürfigkeit vermag er sich seinen Gegnern als großherzig zu erweisen.

7. Utopischer Mensch. – Fortschritte machen ihn nicht müde, Rückschläge entmutigen ihn nicht. Er übersetzt die eschatologische Hoffnung auf das Reich der vollen Freiheit der Kinder Gottes in die historischen Hoffnungen im persönlichen und im sozialen Bereich, in den Belangen von Gesundheit, Arbeit, Kultur. Die *kleine Utopie,* daß alle wenigstens einmal am Tag zu essen haben, die *große Utopie* einer Gesellschaft, die keine Ausbeutung kennt und in Partizipation aller aufgebaut ist, und schließlich die *absolute Utopie* von der Gemeinschaft mit Gott in einer vollkommen erlösten Schöpfung – sie wohnen im Herzen dessen, der sich für umfassende Befreiung einsetzt.

Die heilige Stadt, das neue Jerusalem, das vom Himmel herabsteigt (vgl. Offb 21,2), kann nur dann auf der Erde Raum finden, wenn die Menschen, ergriffen von Glauben und von Leidenschaft für das Evangelium und vereint mit allen, die hungern und dürsten nach Gerechtigkeit, ihm die menschlichen Voraussetzungen und materiellen Bedingungen geschaffen haben. Nur dann wird die Erde keine andere Erde und der Himmel kein anderer Himmel sein, sondern wird ein *neuer* Himmel und eine *neue* Erde sein. Das Alte mit seinen Unterdrückungen wird vergangen sein. Das Neue wird Geschenk Gottes und Errungenschaft des menschlichen Mühens sein. In der Ewigkeit wird seinen Fortgang nehmen, was in der Geschichte begann: das Reich der Befreiten, der Brüder und Schwestern im großen Hause des Vaters.

Wichtige Literatur zur Theologie der Befreiung in Lateinamerika

V. Araya, El Dios de los pobres. El misterio de Dios en la teología de la liberación, San José 1983
H. Assmann, Teología desde la praxis de la liberación. Ensayo teológico desde América latina dependiente, Salamanca 1973
J. O. Beozzo, História da igreja no Brasil. Ensaio de interpretação a partir do povo, Petrópolis 1980
Frei Betto, Oração na ação, Rio de Janeiro 1977
–, O que é comunidade eclesial de base, São Paulo 1981
–, Fidel e a religião. Conversas com Frei Betto, São Paulo 1985
E. Bonnín (Hrsg.), Spiritualität und Befreiung in Lateinamerika, Würzburg 1984
C. Boff, Theologie und Praxis. Die erkenntnistheoretischen Grundlagen der Theologie der Befreiung, Mainz ²1984
–, Mit den Füßen am Boden. Theologie aus dem Leben des Volkes, Düsseldorf 1986
L. Boff, Jesus Cristo Libertador, Petrópolis 1971
–, Teologia do cativeiro e da libertação, Petrópolis 1975
–, Da libertação. O teológico das libertações históricas (gemeinsam mit C. Boff), Petrópolis 1979
–, Aus dem Tal der Tränen ins Gelobte Land. Der Weg der Kirche mit den Unterdrückten, Düsseldorf ²1984
J. Comblin, O tempo de ação. Ensaio sobre o Espíritu e a história, Petrópolis 1982
–, Teologia da libertação, teologia neoconservadora e teologia liberal, Petrópolis 1985
F. Catão, O que é teologia da libertação, São Paulo 1985
E. Dussel, Historia de la iglesia en América latina. Coloniaje y liberación 1492–1983, Madrid ⁵1983
–, Caminos de liberación latinoamericana, mehrere Bde., Buenos Aires 1972 ff.
–, Herrschaft und Befreiung. Ansatz, Stationen und Themen einer lateinamerikanischen Theologie der Befreiung, Fribourg 1985
H. Echegaray, La práctica de Jesús, Lima 1980
V. Elizondo, Galilean journey. The mexican-american promise, New York 1983
S. Galilea, Teología de la liberación. Ensaio de síntesis, Santiago 1977

–, Espiritualidad de la liberación, Santiago 1974
–, Christ werden zur Befreiung. Persönliche Bekehrung und soziale Veränderung, Salzburg 1983
G. *Gutiérrez,* Theologie der Befreiung, Mainz ⁸1985
–, Die historische Macht der Armen, Mainz/München 1984
–, Aus der eigenen Quelle trinken. Spiritualität der Befreiung, Mainz/München 1986
E. *Hoornaert,* Kirchengeschichte Brasiliens – aus der Sicht der Unterdrückten 1550–1800, Mettingen 1982
J. B. *Libânio,* Fé e política. Autonomias específicas, articulações recíprocas, São Paulo 1985
C. *Mesters,* Flor sem defesa. Uma explicação da Bíblia a partir do povo, Petrópolis 1983
J. *Míguez Bonino,* Doing theology in a revolutionary situation, Philadelphia 1975
–, Theologie im Kontext der Befreiung, Göttingen 1977
R. *Muñoz,* Nueva conciencia de la iglesia en América latina, Salamanca 1974
R. *Oliveros Maqueo,* Liberación y teología. Génesis y crecimiento de una reflexión 1966–1977, Lima 1977
J. *Pixley/C. Boff,* Opção pelos pobres, Petrópolis 1986
P. *Richard,* Mort des chrétientés et naissance de l'Église. Analyse historique et interprétation théologique de l'Église en Amérique latine, Préf. de Vincent Cosmao, Paris 1978
A. G. *Rubio,* Teologia da libertação: política ou profetismo, São Paulo 1977
J. C. *Scannone,* Teología de la liberación y praxis popular. Aportes críticos para una teología de la liberación, Salamanca 1976
J. L. *Segundo,* Liberación de la teología, Buenos Aires 1975
–, El hombre de hoy ante Jesús de Nazaret, 3 Bde., Madrid 1982
–, Teología de la liberación. Respuesta al Cardenal Ratzinger, Madrid 1985
J. *Sobrino,* Cristología desde América latina. Esbozo a partir del seguimiento del Jesús histórico, Mexico 1976
–, Resurrección de la verdadera iglesia. Los pobres, lugar teológico de la eclesiología, Santander 1981
E. *Tamez,* La Biblia de los oprimidos. La opresión en la teología bíblica, San José 1979
S. *Torres/J. Eagleson* (Hrsg.), The challenge of basic christian communities. Papers from the International Theological Conference, february 20 – march 2, 1980, São Paulo, Maryknoll 1981

Theologie der Befreiung im Patmos Verlag

Rubem Alves, Der Wind weht wo er will. Brasilianische Meditationen
Aus dem Portugiesischen übersetzt von Horst Goldstein
1985. 71 Seiten
Rubem Alves, Ich glaube an die Auferstehung des Leibes. Meditationen
Aus dem Portugiesischen übersetzt von Horst Goldstein
1983. 80 Seiten mit 15 Schwarzweiß-Illustrationen von Guido Razzi
Clodovis Boff, Mit den Füßen am Boden. Theologie aus dem Leben des Volkes
Aus dem Portugiesischen übersetzt von Horst Goldstein
1986. 256 Seiten
Leonardo Boff, Kleine Sakramentenlehre
Aus dem Portugiesischen übersetzt von Horst Goldstein
8. Aufl. 1986. 120 Seiten
Leonardo Boff, Erfahrung von Gnade. Entwurf einer Gnadenlehre
Aus dem Portugiesischen übersetzt von Horst Goldstein
2. Aufl. 1985. 323 Seiten
Leonardo Boff, Aus dem Tal der Tränen ins Gelobte Land. Der Weg der Kirche mit den Unterdrückten
Aus dem Portugiesischen übersetzt von Horst Goldstein
3. Aufl. 1986. 256 Seiten
Leonardo Boff, Vater unser. Das Gebet umfassender Befreiung
Aus dem Portugiesischen übersetzt von Horst Goldstein
4. Aufl. 1986. 199 Seiten
Leonardo Boff, Ave Maria. Das Weibliche und der Heilige Geist
Aus dem Portugiesischen übersetzt von Horst Goldstein
2. Aufl. 1985. 127 Seiten
Leonardo Boff, Theologie hört aufs Volk. Ein Reisetagebuch
Aus dem Portugiesischen übersetzt von Annelie Johannemann
2. Aufl. 1985. 120 Seiten
Leonardo Boff, Zärtlichkeit und Kraft. Franz von Assisi, mit den Augen der Armen gesehen
Aus dem Portugiesischen übersetzt von Horst Goldstein
3. Aufl. 1985. 229 Seiten
Leonardo Boff, Kreuzweg der Auferstehung
Bilder von Nelson Porto
Aus dem Portugiesischen übersetzt von Annelie Johannemann
2. Aufl. 1986. 79 Seiten
Leonardo Boff, Kirche: Charisma und Macht. Studien zu einer streitbaren Ekklesiologie
Aus dem Portugiesischen übersetzt von Horst Goldstein
5. Aufl. 1985. 285 Seiten

Leonardo Boff, Das mütterliche Antlitz Gottes. Ein interdisziplinärer Versuch über das Weibliche und seine religiöse Bedeutung
Aus dem Portugiesischen übersetzt von Horst Goldstein
1985. 265 Seiten
Leonardo Boff, Und die Kirche ist Volk geworden. Ekklesiogenesis.
Aus dem Portugiesischen übersetzt von Horst Goldstein und Michael Lauble
1987. 248 Seiten
Der Fall Boff. Eine Dokumentation, herausgegeben von der Brasilianischen Bewegung für die Menschenrechte
Aus dem Portugiesischen übersetzt von Sabine Petermann
1986. 216 Seiten
Leonardo und Clodovis Boff, Wie treibt man Theologie der Befreiung?
Aus dem Portugiesischen übersetzt von Michael Lauble
1986. 117 Seiten
Horst Goldstein (Hrsg.), Befreiungstheologie als Herausforderung. Anstöße – Anfragen – Anklagen der lateinamerikanischen Theologie der Befreiung an Kirche und Gesellschaft hierzulande
Mit Beiträgen von R. I. Almeida Cunha, H. Assmann, C. Boff, C. Bussmann, Dom H. Câmara, Dom A. Fragoso, H. Goldstein, F. Kerstiens, H. Ludwig, G. P. Süss und R. Waltermann
3. Aufl. 1985. 223 Seiten
Horst Goldstein (Hrsg.), Tage zwischen Tod und Auferstehung. Geistliches Jahrbuch aus Lateinamerika
1984. 336 Seiten
Carlos Mesters, Maria Mutter Jesu
Aus dem Portugiesischen übersetzt von Michael Lauble
1986. 87 Seiten
(Koproduktion mit dem Neukirchener Verlag)
Johann Baptist Metz (Hrsg.), Die Theologie der Befreiung: Hoffnung oder Gefahr für die Kirche?
Mit Beiträgen von P. E. Arns, D. Castrillón Hoyos, P. Ehlen, W. Kasper, J. B. Metz, R. Schnackenburg, W. Schoop und P. Sudar
Im Anhang: Die Instruktionen der Kongregation für die Glaubenslehre vom 6. August 1984 und vom 22. März 1986
1986. 243 Seiten
Bruno Schlegelberger/Josef Sayer/Karl Weber, Von Medellín nach Puebla. Geschräche mit lateinamerikanischen Theologen
1980. 205 Seiten
Sie leben im Herzen des Volkes. Lateinamerikanisches Martyrologium, herausgegeben vom Instituto Histórico Centroamericano
Aus dem Spanischen übersetzt von Antonio Reiser. Mit einem Vorwort von Johann Baptist Metz und 12 Illustrationen von Maximino Cerezo Barredo
1984. 215 Seiten

Bibliothek Theologie der Befreiung

Autoren und Themen im Überblick

BThB Gotteserfahrung und Gerechtigkeit
G. Gutiérrez: Unsere Erfahrung mit dem befreienden Gott
C. Mesters u. a.: Die Armen lesen die Bibel
E. Hoornaert: Die Anfänge der Kirche in der Erinnerung des christlichen Volkes
E. Dussel u. a.: Geschichte Lateinamerikas: Eine theologische Deutung
C. Boff/J. Pixley: Die Option für die Armen
C. Boff/I. Ellacuría: Was ist Theologie der Befreiung?
M. P. Gatjens u. a.: Texte der lateinamerikanischen Kirchenväter

BThB Gott, der sein Volk befreit
J. L. Segundo: Offenbarung und Glaube
R. Muñoz: Der Gott der Christen
J. Sobrino: Befreiung in Jesus Christus
J. Comblin: Der Heilige Geist
L. Boff: Der dreieinige Gott

BThB Die Befreiung in der Geschichte
J. Comblin: Das Bild vom Menschen
P. Trigo: Schöpfung und Geschichte
A. Moser: Sünde und Umkehr
M. Díaz Mateos: Die Gnade
A. Moser u. a.: Fundamentalmoral
E. Valle: Die menschliche Sexualität
M. dos Anjos u. a.: Ehe und Familie
E. Dussel: Ethik der Gemeinschaft
P. Casaldáliga u. a.: Spiritualität
J. B. Libânio/M. C. Lucchetti Bingemer: Christliche Eschatologie

BThB Die Kirche, Sakrament der Befreiung
L. Boff u. a.: Die Kirche als Gemeinschaft
G. Gorgulho: Die Kirche an der Basis
A. Parra u. a.: Ämter in der Gemeinde
J. L. Caravias: Katechese und Kirche
F. Taborda u. a.: Sakramente und Liturgie
V. Codina u. a.: Taufe und Firmung
M. Gibin u. a.: Eucharistie
J. Munaro u. a.: Buße und Krankensalbung

V. Codina/N. Zavallos: Ordensleben
R. Antoncich/J. M. Munárriz: Die Soziallehre der Kirche
S. Torres u. a.: Pastoral der Befreiung
I. Gebara/M. C. Lucchetti Bingemer: Maria, Mutter Gottes und Mutter der Armen
J. de Santa Ana: Die Ökumene
J. Míguez Bonino u. a.: Evangelische Kirchen

BThB Herausforderungen: das Leben in der Gesellschaft
J. H. Pico/Frei Betto u. a.: Glaube und Politik
O. Maduro u. a.: Verkündigung des Evangeliums an Reiche und Arme
J. Undurraga u. a.: Die Rechte der Armen
M. Barros/J. L. Caravias: Pastoral und Theologie von Grund und Boden
H. Assmann/F. J. Hinkelammert: Wirtschaft und Theologie
S. Arce u. a.: Arbeit und Theologie

BThB Herausforderungen: die Kultur
J. C. Scannone u. a.: Die herrschende Kultur und ihre Götzen
P. Suess: Die Sache der indianischen Ureinwohner
J. O. Beozzo: Das afroamerikanische Problem
E. Tamez u. a.: Die Frau in Gesellschaft und Kirche
C. Ceccon u. a.: Pädagogik der Befreiung

BThB Herausforderungen: die Religiosität des Volkes
X. Albó u. a.: Gott, der Indianer
L. Hurbon u. a.: Gott, der Schwarze
D. Irarrázaval u. a.: Der Katholizismus des Volkes
V. Elizondo/P. Trigo: Die Inkulturation des Evangeliums
J. A. Sometti u. a.: Theologie und Pastoral des Wunderbaren
A. Mendonça/F. Rolim: Alternative Formen des Christentums

Zum Subskriptionspreis zu beziehen in Ihrer Buchhandlung